Panoramatouren im Allgäu

Entlang der großen Wege

von Björn Ahrndt

Auf kurzen Pfaden von Jakobsweg, E4 & E5, Grenzgänger, Maximiliansweg und Via Alpina

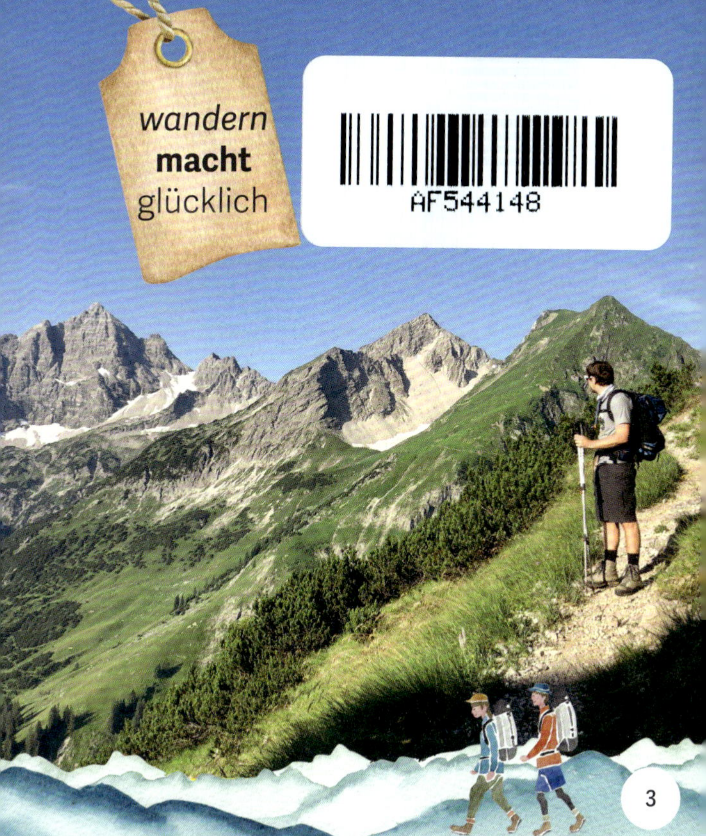

Liebe Wanderfreunde,

das Allgäu und das angrenzende Tannheimer Tal zählen zu den schönsten Naturlandschaften im Alpenraum.

Kein Wunder, dass durch diese Naturlandschaften auch zahlreiche Fern- und Etappenwanderwege führen. Diese „Großen Wege" waren die Inspiration zu diesem Wanderführer.

Weitwanderwege erfahren in den vergangenen Jahren immer mehr Zulauf. Wer sich auf die mehrtägigen Touren durch die Voralpenlandschaften und das Hochgebirge macht, wird mit beeindruckenden Erlebnissen, Begegnungen und Bildern nach Hause zurückkehren. Kaum eine Reise kann, trotz aller Strapazen und Entbehrungen, so viel Kraft und Energie freisetzen wie eine Mehrtagestour durch die Bergwelt.

Entlang dieser Etappentouren gibt es aber auch zahlreiche Wanderungen für weniger geübte und trainierte Wanderer. Auf kleinen und größeren Tagestouren kann man zu den „Großen Wegen" aufsteigen und sie ein stückweit begleiten. Und auch abseits der eigentlichen Routen gibt es zahlreiche Wege zu entdecken, die dem Weitwanderer meist verborgen bleiben.

Von diesen Touren handelt dieses Wanderbuch. Es stellt verschiedene Weitwanderwege, die das Allgäu durchqueren, vor und beschreibt einige ausgewählte Wanderungen und Bergtouren auf, entlang und rund um diese „Großen Wege".

Zu den einzelnen Routen finden Sie jeweils einen QR-Code, mit dem Sie die GPS-Daten jeder Tour auf Ihr Smartphone herunterladen können. Die Touren sind mit verschiedenen Symbolen gekennzeichnet. Es gibt Gipfeltouren, Touren entlang von Bergseen und Wasserfällen, Ziele, die auch mit der Bergbahn zu erreichen sind, sowie familiengeeignete Touren. Einige Touren sind auch mit „anspruchsvoll" gekennzeichnet. Damit sind konditionell fordernde Aufstiege genauso gemeint wie Bergtouren, die ausgesetzte oder teilversicherte Passagen beinhalten. Beachten Sie hierzu auch die Sicherheitshinweise und planen Sie Ihre Touren nach

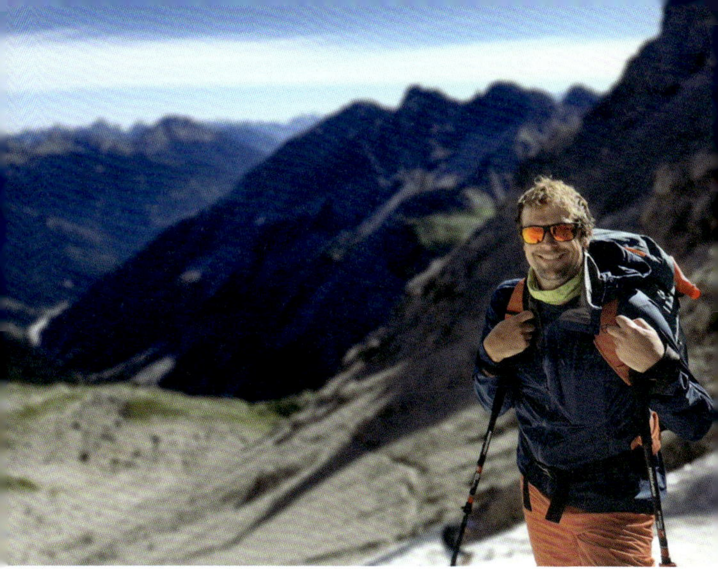

Ihrem individuellen Können. Denn: „Nur wer gesund im Tal angekommen ist, war wirklich auf dem Gipfel."

Ich wünsche Ihnen viel Spaß beim Lesen, beim Nach-Wandern und Erleben.

Björn Ahrndt

Über den Autor

Der gebürtige Sonthofer Björn Ahrndt ist von Kindesbeinen an in den Alpen unterwegs. Bergtouren, Klettersteige und Mountainbiketouren zählen ebenso zu einer Leidenschaft wird das Skitourengehen. Sein erster großer Fernwanderweg war der E5, den er im Alter von 6 Jahren von Oberstdorf bis nach Meran gegangen ist. Auf seinem Alpin-Blog *www.bergparadiese.de* schreibt er seit vielen Jahren über seine Tages- und Mehrtagestouren, die sich über den gesamten Alpenraum und darüber hinaus erstrecken. Auch wenn er sich immer wieder neue Ziele sucht, so zieht ihn die Schönheit der Allgäuer und Tannheimer Berge immer wieder in seine Heimat zurück.

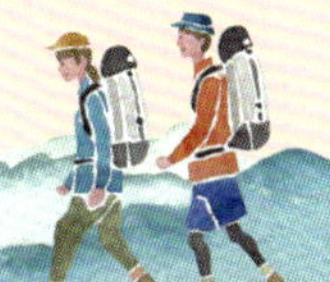

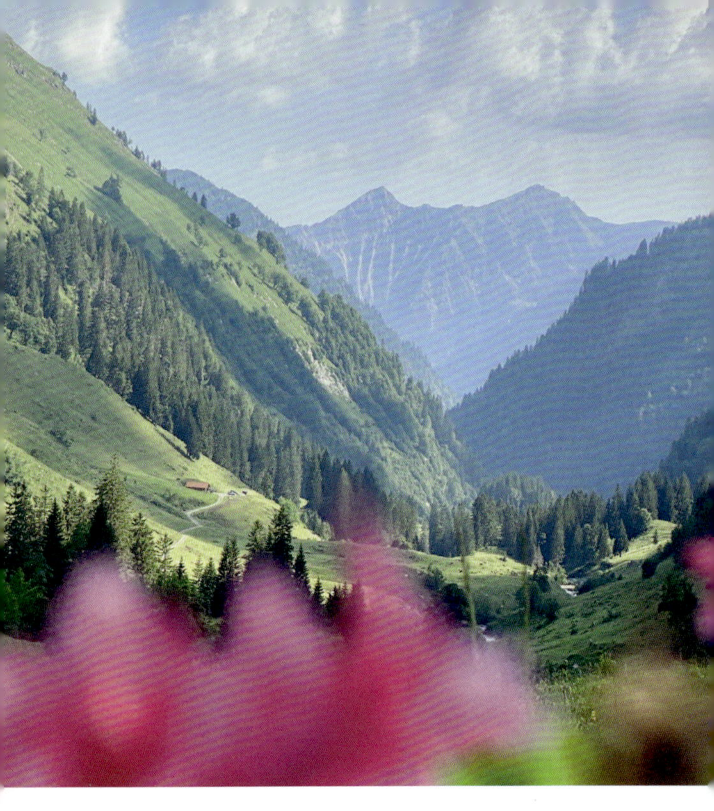

Sicherheitshinweis

Die Ausarbeitung aller im Wanderführer beschriebenen Touren und andere Hinweise erfolgten nach bestem Gewissen und Wissen des Autors. Herausgeber und Autor übernehmen keinerlei Haftung und Gewähr für die Richtigkeit, Korrektheit und Vollständigkeit der Touren. Jeder, der eine der beschriebenen Touren durchführt, ist daher für die Routenauswahl, die Gefahrenbeurteilung die Einschätzung der persönlichen Leistungsfähigkeit, die Orientierung usw. selbst verantwortlich. Das Begehen und Befahren der Touren erfolgt immer auf eigene Gefahr. Örtliche Vorschriften, wie z.B. zeitlich begrenzte Zutrittsverbote sind in jedem Fall zu beachten, da sich die Gegebenheiten vor Ort durch Naturereignisse, Wegsperrungen u.a. geändert haben können. Insbesondere im alpinen Gelände sollte auch immer die aktuelle Wetterlage bei den Planungen berücksichtigt werden!

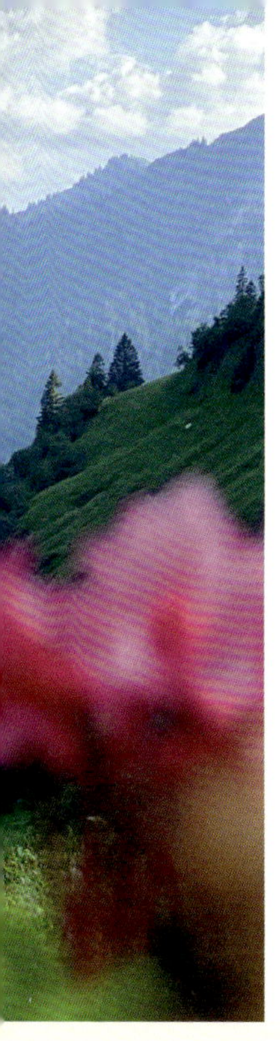

Verantwortungsvoll auf Tour

- Bleiben Sie auf den markierten und ausgeschilderten Wegen
- Respektieren Sie die ausgewiesenen Schutzgebiete
- Vermeiden Sie Lärm
- Führen Sie Hunde an der Leine
- Nehmen Sie Rücksicht auf andere Wanderer und Radfahrer
- Halten Sie Abstand zu Weidevieh und schließen Sie gegebenenfalls Gatter oder Durchgänge wieder
- Pflücken Sie keine Pflanzen
- Nehmen Sie Ihren Müll wieder mit

Tourenverlauf

mithilfe unserer GPX-Daten downloaden – So geht's:

Voraussetzung:
Eine Outdoor-App muss installiert sein, z.B. outdooractive oder komoot. Zum Einlesen des QR-Codes wird eine QR-Code-App benötigt (bei Apple-Geräten ist dies in der Kamera integriert).

Daten downloaden:

1. Den QR-Code einlesen und die Tour zum Download anklicken.
2. Bei Apple-Geräten werden nun die Daten direkt mit der vorab installierten App verknüpft. Bei Android-Geräten muss ggf. noch ein Weiterleiten-Button geklickt werden.

Los geht's – viel Spaß!

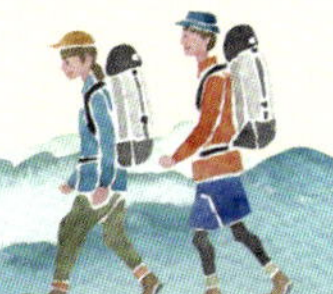

Inhaltsverzeichnis

Zeichenerklärung

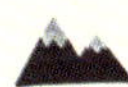 Gipfeltour

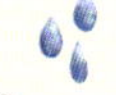 Wasserfälle & Seen

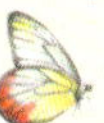 familiengeeignet

 Bergbahn

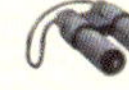 anspruchsvoll

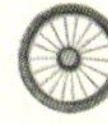 auch als Radtour kombinierbar

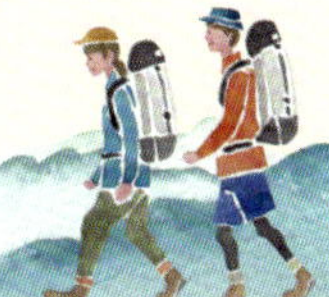

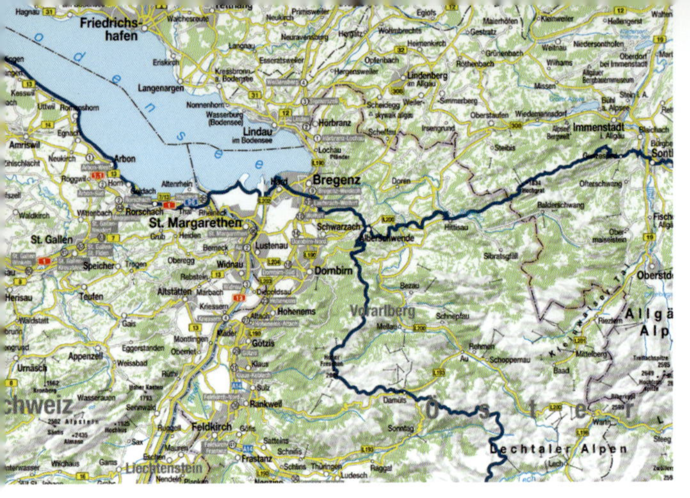

E4 & E5

Die Europäischen Fernwanderwege zählen zu den bekanntesten Weitwanderwegen im Allgäu. Allen voran der Europäische Fernwanderweg Nummer 5. Dieser führt, vom Bodensee kommend, ab Sonthofen in südlicher Richtung nach Oberstdorf und weiter nach Südtirol. Die Alpenüberquerung von Oberstdorf nach Meran ist sicherlich der bekannteste Abschnitt des E5, wenngleich er eigentlich von

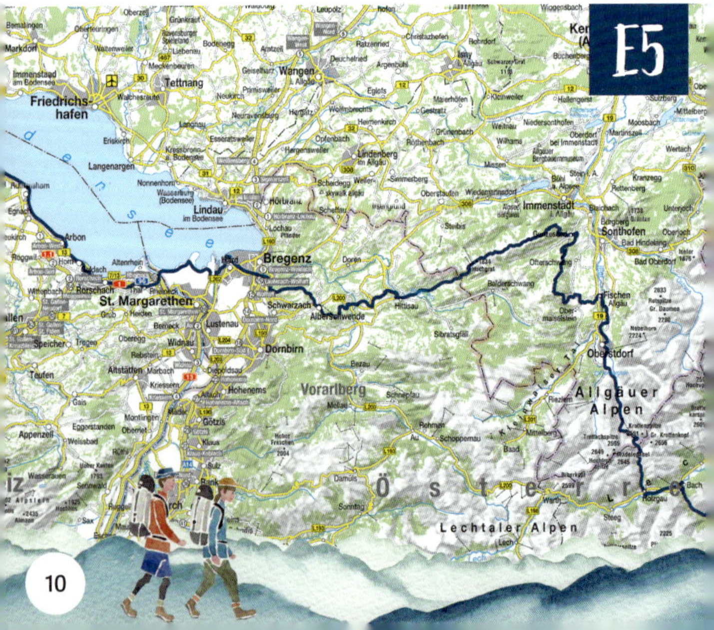

E5

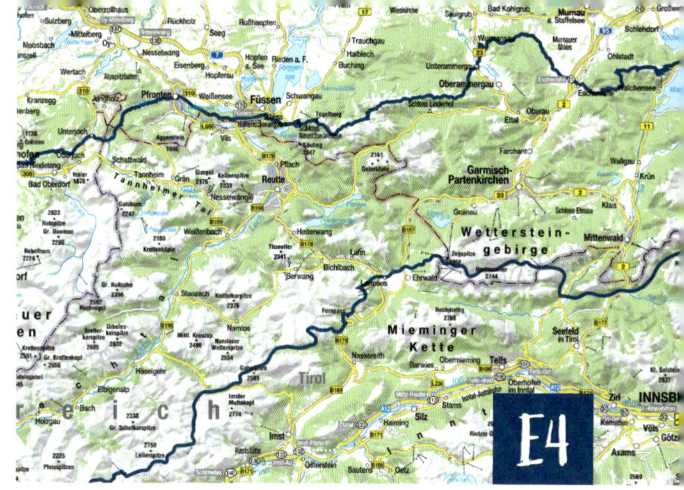

der französischen Atlantikküste auf einer Gesamtlänge von gut 3 000 Kilometern bis nach Venedig führt.
Der Europäische Fernwanderweg Nummer 4 hingegen führt von Kap St. Vinzent, südlich Lissabon, etwa 10 500 Kilometer bis nach Zypern und quert das Allgäu von West nach Ost. Ebenfalls vom Bodensee kommend über Sonthofen in Richtung Pfronten und weiter nach Füssen.

Touren entlang des E4 und E5

STEINEBERG

An der Himmelsleiter

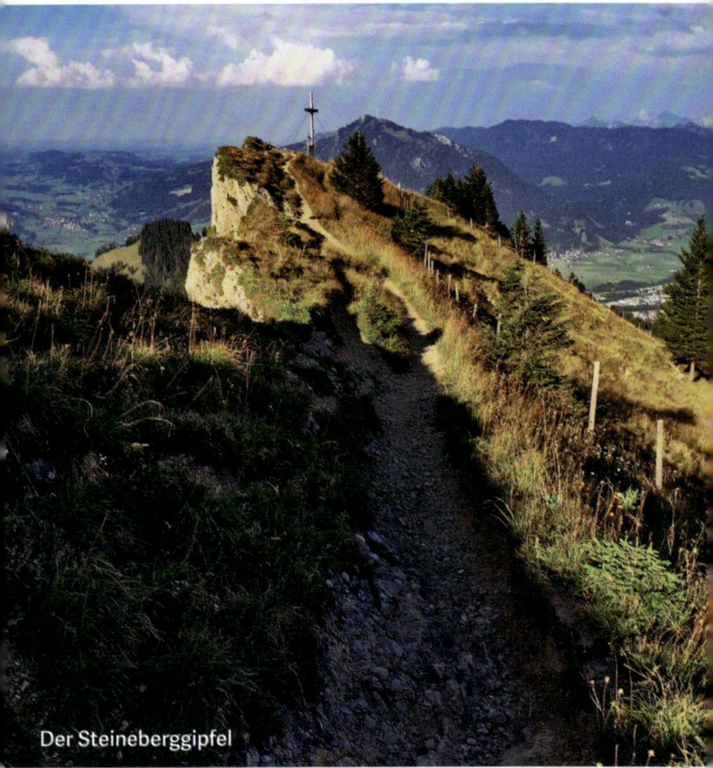

Der Steineberggipfel

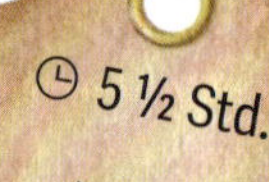
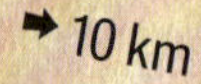

5 ½ Std.

10 km

710 Hm

710 Hm

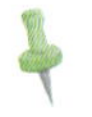

Gebührenpflichtiger Parkplatz am Ortseingang von Gunzesried, alternativ kurz nach der Ortsdurchfahrt auf Höhe der Bergbahn

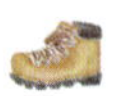

Breite Wirtschaftswege und schmale Bergpfade, steiler Auf- und Abstieg

Alpe Vordere Krumbach
Gunzesried

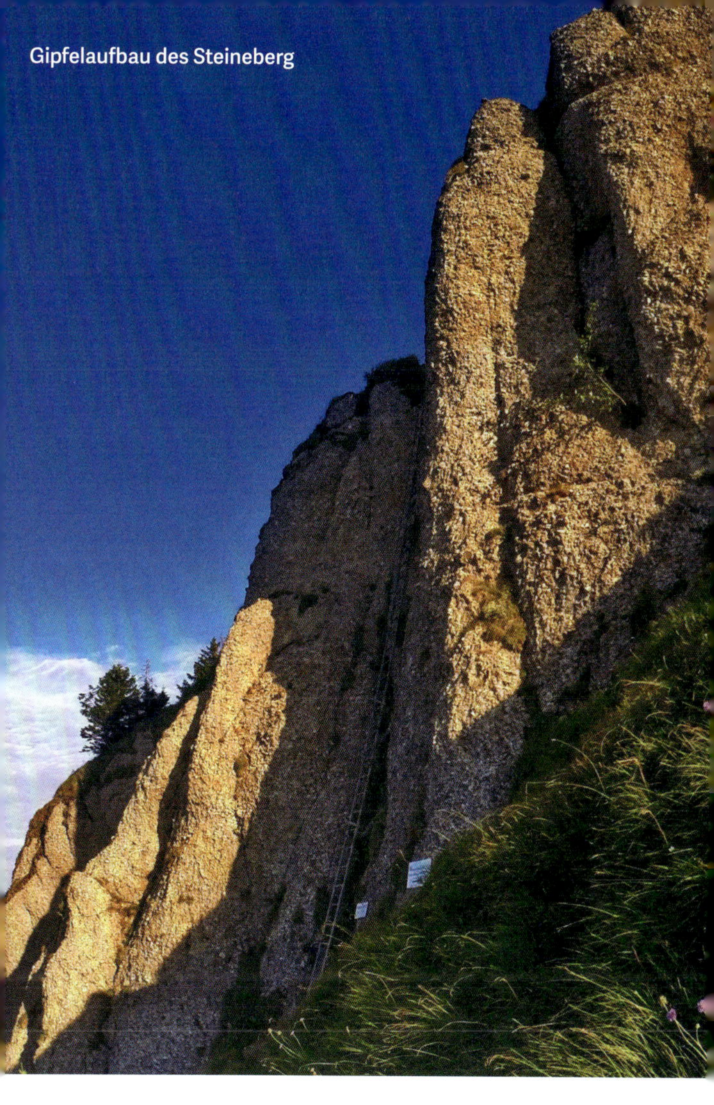

Gipfelaufbau des Steineberg

Der Steineberg gehört zur Nagelfluhkette und verspricht einen einmalig schönen Blick auf das Illertal rund um Sonthofen.

Gunzesried ist Ausgangspunkt dieser Bergtour. Der Gipfel liegt sowohl auf den Routen des E4 und E5, wie auch des Maximilianswegs.
Im ersten Teil des Aufstiegs geht es aus dem Dorf hinaus auf einem Fahrweg hinauf zur Alpe Vordere Krumbach ❶. Dieser Abschnitt des Wegs ist mitunter steil und führt über die freien Alpflächen unterhalb des Steineberg nach oben.

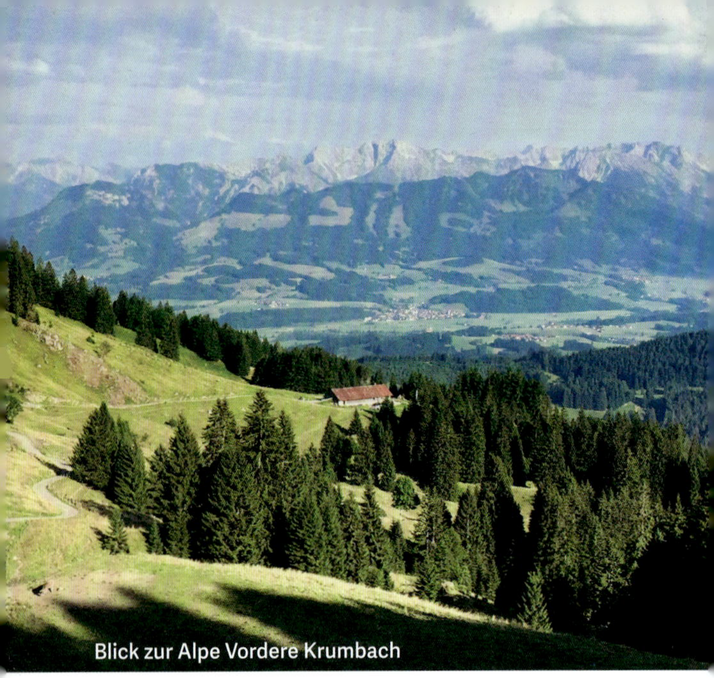

Blick zur Alpe Vordere Krumbach

Kurz nach der bewirtschafteten Alpe Vordere Krumbach endet der Fahrweg. Über die Wiesen zwischen dem Bärenköpfle, einem kleinen Gipfel ❷, der rechter Hand in ein paar Gehminuten zu erreichen ist, und dem Steineberg geht es hinauf. Ziel ist der bewaldete Grat, der den Mittag mit dem Steineberg verbindet.
Dort angekommen führen zahlreiche Stufen weiter nach oben, bevor es nahezu ebenerdig zur Nordwand des Steineberg geht. Nach einigen Kehren ist die 17 Meter lange und fast senkrechte Leiter ❸ auf den Gipfel erreicht. Die Leiter

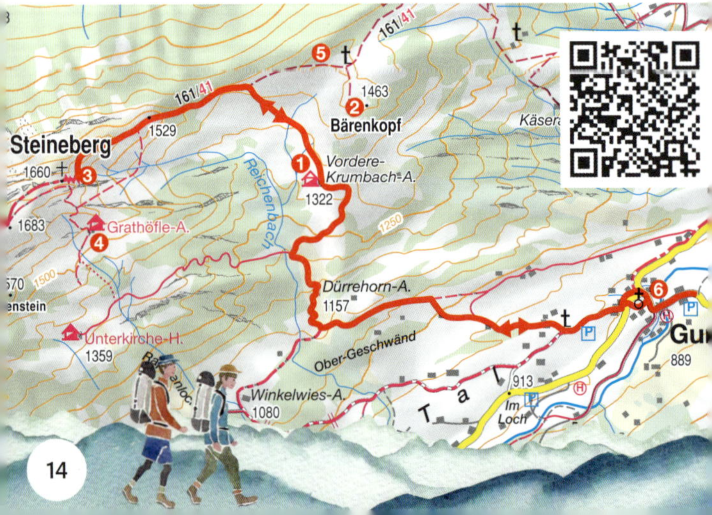

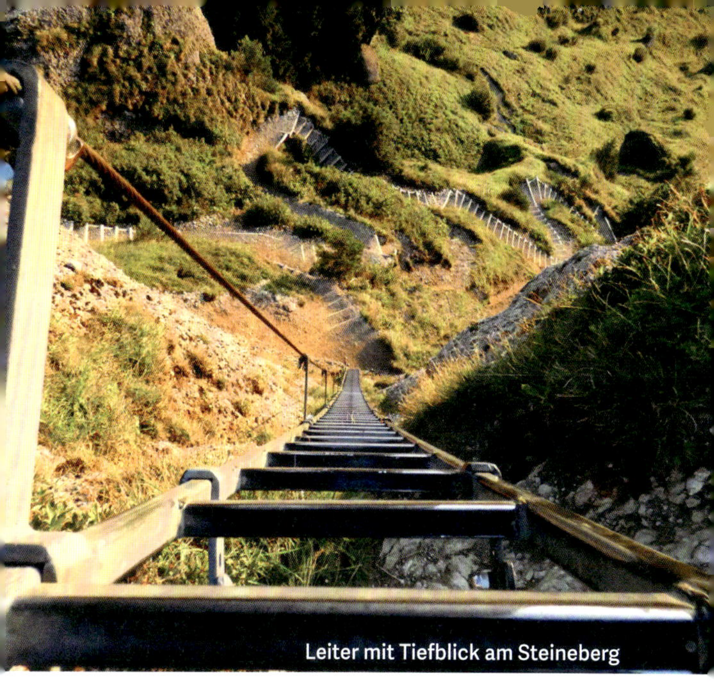

Leiter mit Tiefblick am Steineberg

sollte aber nur von geübten Bergwanderern als Aufstiegshilfe genutzt werden!

Der Normalweg führt rechter Hand um den Gipfelstock herum und schließlich über den flachen Rücken zum Gipfelkreuz. Gerade im Frühjahr breitet sich hier oben ein herrlicher Blumenteppich aus.

Der Abstieg erfolgt auf demselben Weg zurück in Richtung Bärenköpfle, wo kurz darauf die verdiente Brotzeit auf der Alpe Vordere Krumbach wartet. Alternativ kann man vom Gipfel direkt hinunter zur Grathöfle-Alpe 4 gehen. Dieser zu Beginn sehr steile Abstieg mündet unterhalb der Alpe Vordere Krumbach wieder auf den von Gunzesried kommenden Fahrweg.

Hinweis: Mit der Auffahrt über die Mittagbahn bei Immenstadt kann man sich einen Großteil des Aufstiegs zum Steineberg einsparen und über den Mittag, vorbei am Bärenköpfle, zu diesem Aussichtsberg wandern 5.

Tipp

Zum Ende der Tour lohnt sich ein Besuch der Sennerei Gunzesried, wo es neben Allgäuer Bergkäs zahlreiche andere Leckereien oder auch ein Eis zur Belohnung gibt 6

SIPLINGER

 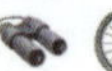

Im Reich des Nagelfluh

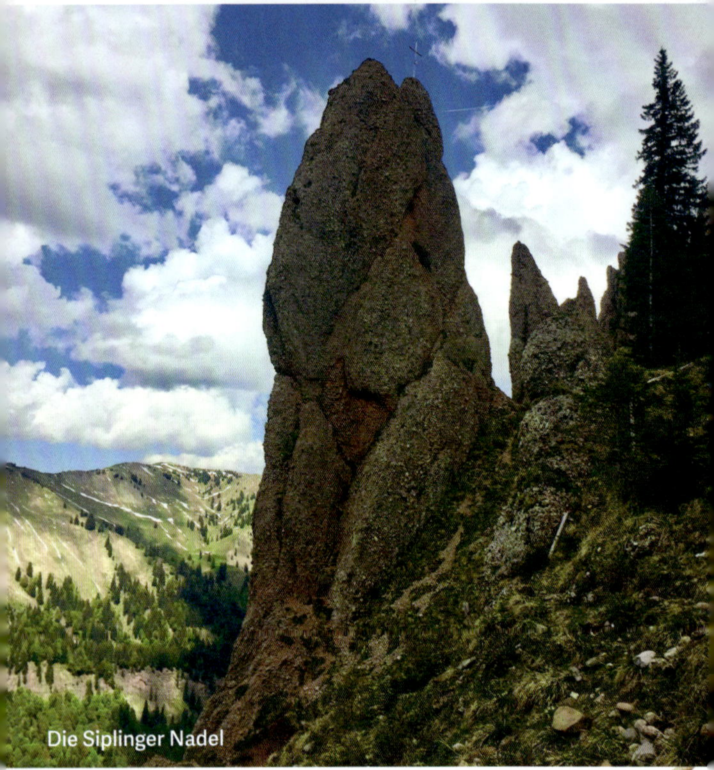

Die Siplinger Nadel

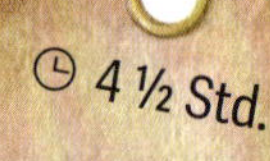

4 ½ Std.

9,3 km

680 Hm

680 Hm

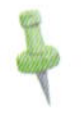

Parkplatz im Hinteren Autal, erreichbar über die mautpflichtige Zufahrt ab Gunzesried Säge

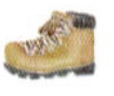

Meist schmale Berg- und Wiesenpfade, kurze felsige Abschnitte, Rückweg entlang der Mautstraße, steiler Aufstieg

Gunzesried Säge

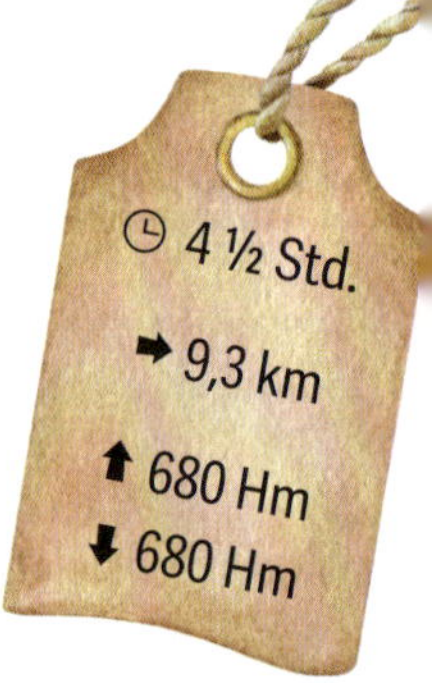

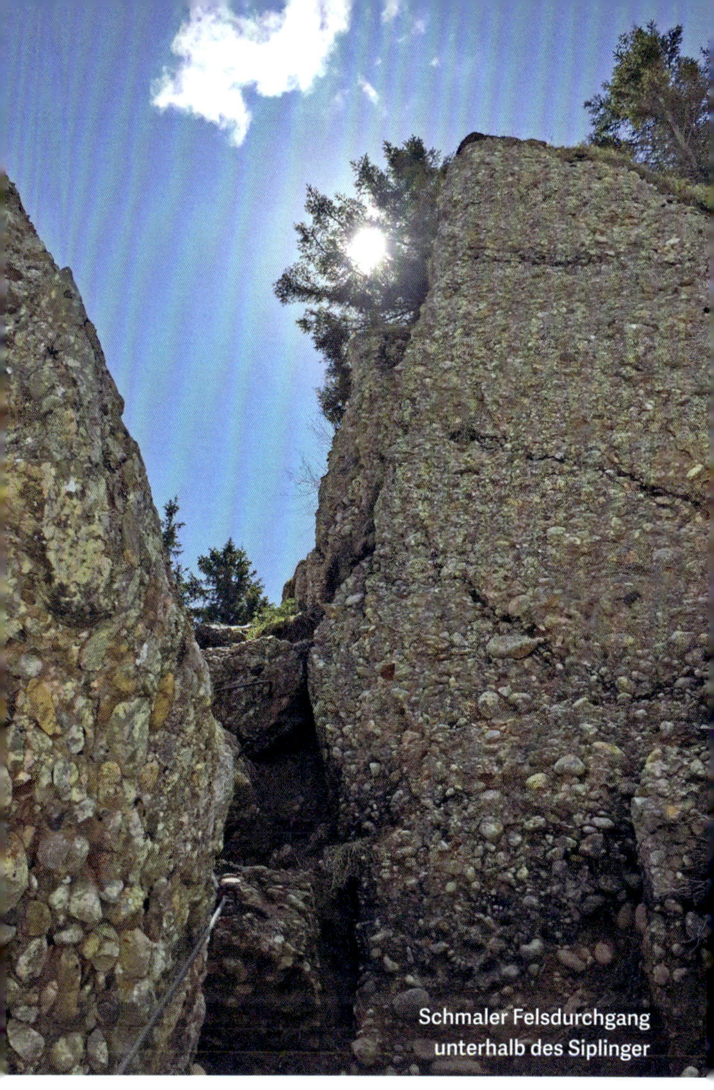

Schmaler Felsdurchgang unterhalb des Siplinger

Auch wenn diese Tour unterhalb der 1 800-Meter-Marke verläuft, zählt sie sicher zu den landschaftlich beeindruckendsten Wanderungen im Allgäu.

Die Wanderung beginnt am kleinen Parkplatz im Hinteren Autal ❶, das über eine mautpflichtigen Straße von Gunzesried Säge aus zu erreichen ist. Alternativ gelangt man auch mit dem Fahrrad zum Ausgangspunkt. Dabei gilt es gut 4 Kilometer und 100 Höhenmeter zusätzlich ab dem Mauthäuschen zu bewältigen.
Am Parkplatz geht es über den Aubach

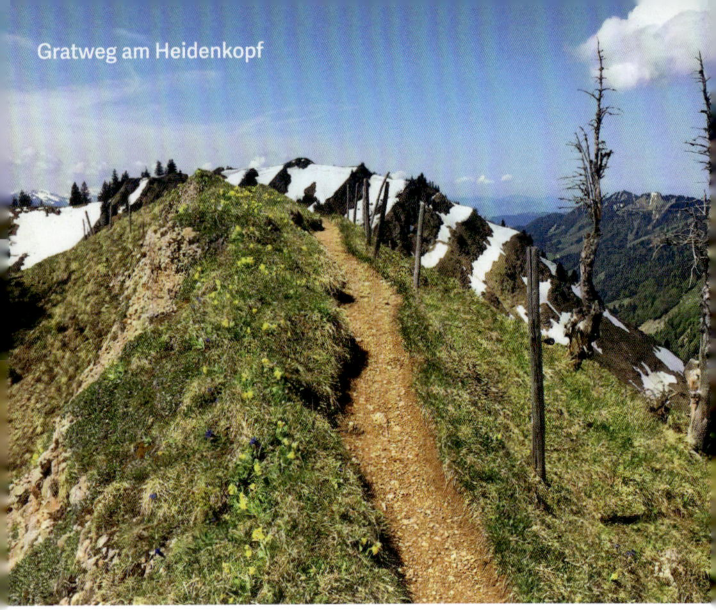

Gratweg am Heidenkopf

und auf der gegenüberliegenden Seite ein Stück bachaufwärts. In zahlreichen Kehren schlängelt sich der Weg über einen herrlichen Mischwald hinauf in das Gebiet der Siplinger Alpe. Über den Alpweiden bauen sich bereits die teils bizarren Gesteinsformationen rund um den Gipfel auf.

Info: Nagelfluh besteht aus Flusskiesel, der mit einem kalkhaltigen „Bindemittel" zu einer festen Einheit verbacken wurde. Durch Verwitterung entstehen einmalig schöne Formen.

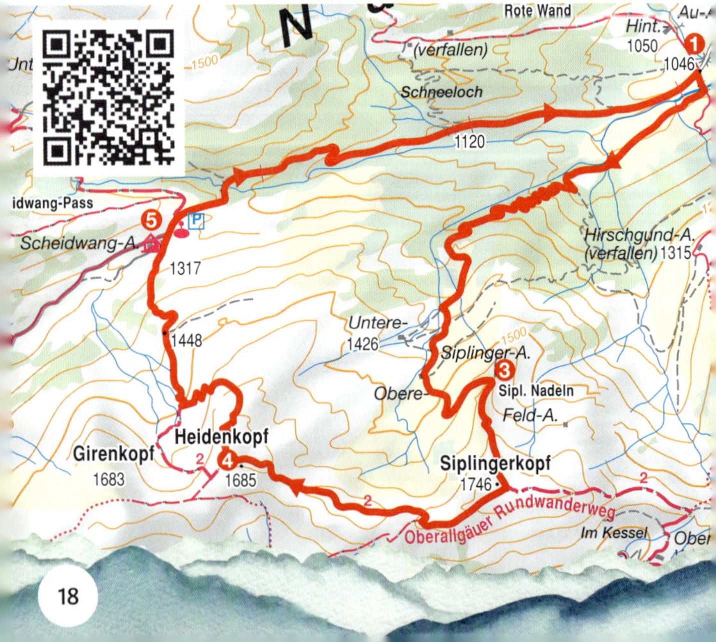

Rote Wand
Hint.
1050
1046
(verfallen)
Schneeloch
1120
idwang-Pass
Scheidwang-A.
1317
Hirschgund-A.
(verfallen) 1315
1448
Untere-
1426
Siplinger-A.
Obere-
Sipl. Nadeln
Feld-A.
Heidenkopf
Girenkopf
1683
1685
Siplingerkopf
1746
Oberallgäuer Rundwanderweg
Im Kessel

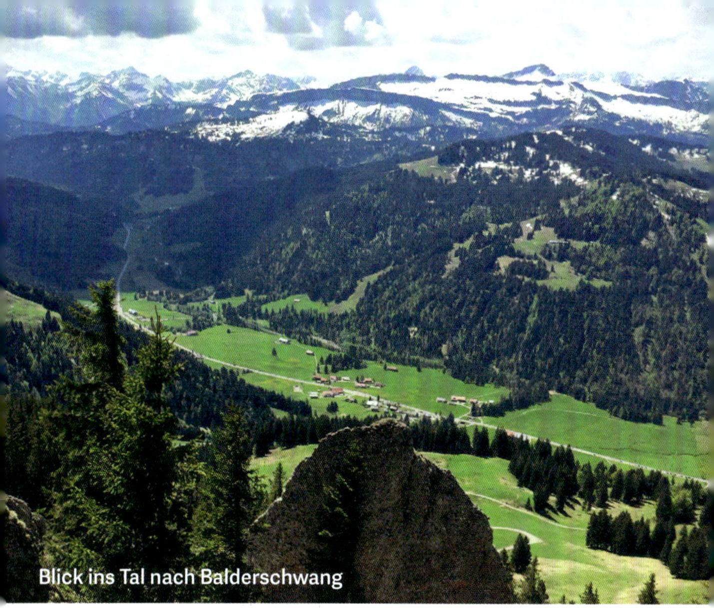

Blick ins Tal nach Balderschwang

In einem großen Bogen geht es hinauf zur Siplinger Nadel ❸, die steil in den Himmel ragt, bevor über zahlreiche Tritte und Stufen der Gipfel des Siplinger wartet.

Ab dem Gipfel, zunächst leicht bergab, beginnt die Gratwanderung hinüber zum Heidenkopf ❹. Immer wieder gilt es kleine Absätze im Nagelfluh zu überwinden. Nie sonderlich ausgesetzt, aber teilweise mit Unterstützung von Eisenklammern im Fels. In leichtem Auf und Ab geht es zum Felsdurchbruch am Heidenkopf, dem zweiten Gipfel auf dieser Tour.

Hier zweigt der steil abschüssige Übergang zum Girenkopf ab (Tour Nummer 4). Der Rückweg zum Parkplatz erfolgt in Richtung Alpe Scheidwang ❺. Noch ein Stück weit den Bergrücken entlang, dann beginnt der Abstieg über offene Weideflächen und teils bewaldetes Gebiet. Ab der unbewirtschafteten Alpe führt der Rückweg entlang der Mautstraße zurück zum Parkplatz.

Tipp

Zwischen Gunzesried Säge und Gunzesried gibt es eine besondere Einkehrmöglichkeit. In der 1. Allgäuer Bergfischzucht dreht sich alles um den hier gezüchteten Saibling, den man dort genießen kann.

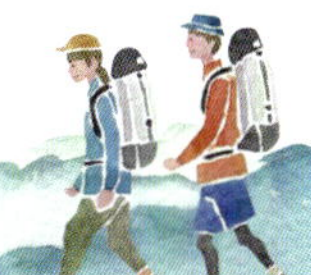

HOCHHÄDERICH & FALKEN

Gratwanderung bei Oberstaufen

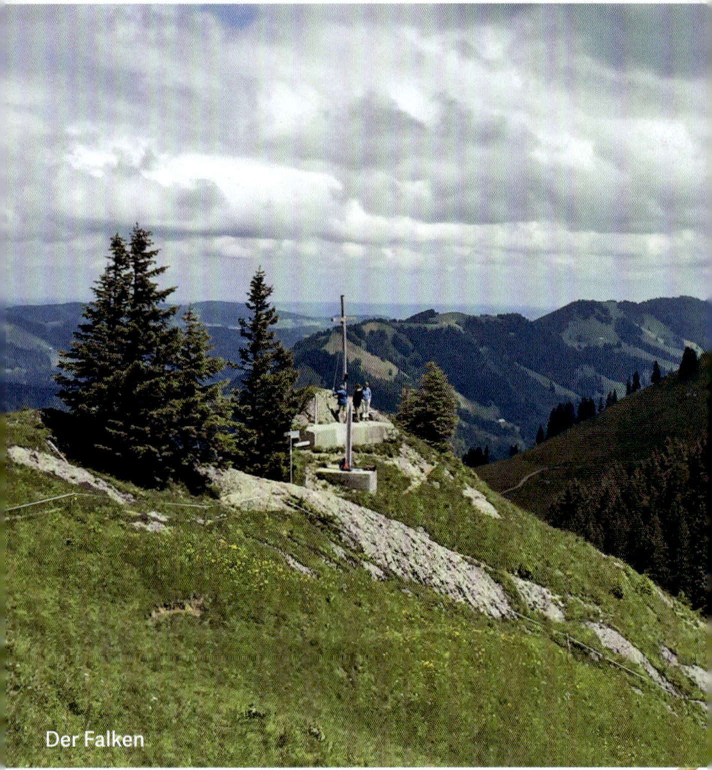

Der Falken

Parkplatz an der Imbergbahn bei Steibis

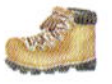

Breite, teils asphaltierte Wirtschaftswege wechseln mit schmalen Bergpfaden; in der Verbindung zum Falken felsige, teils drahtversicherte Gratwanderung, mäßig steil

Berggasthof Hochbühl, Alpengasthof Hochwies, Alpengasthof Hörmoos, Berggasthof Falkenhütte, Imberghaus

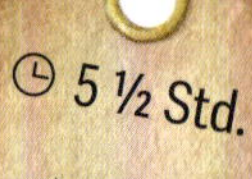

5 ½ Std.

13 km

↑ 540 Hm

↓ 540 Hm

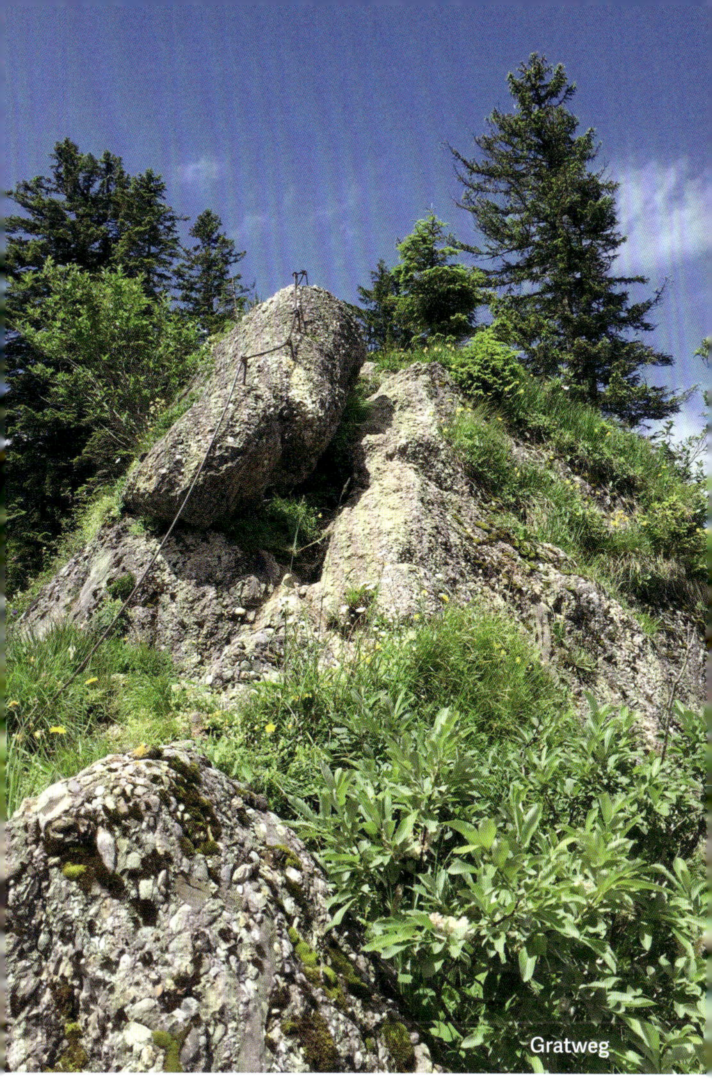
Gratweg

Herrliche Wiesen, kurze steile Aufstiege, anregende Gratkraxelei und zahlreiche Einkehrmöglichkeiten. Die Tour über Hochhäderich und Falken verspricht Abwechslung pur.

Die Imbergbahn Steibis erleichtert den Start der Tour auf 1225 Metern Höhe. Alternativ gibt es auch einen breiten Wirtschaftsweg, der unterhalb der Bergbahn nach oben führt. Ab der Bergstation beginnt der Streckenverlauf zunächst gemütlich. Nahezu ebenerdig, dann leicht bergab, geht es über breite Waldwege und ein Stück weit auf dem Fahrweg zum

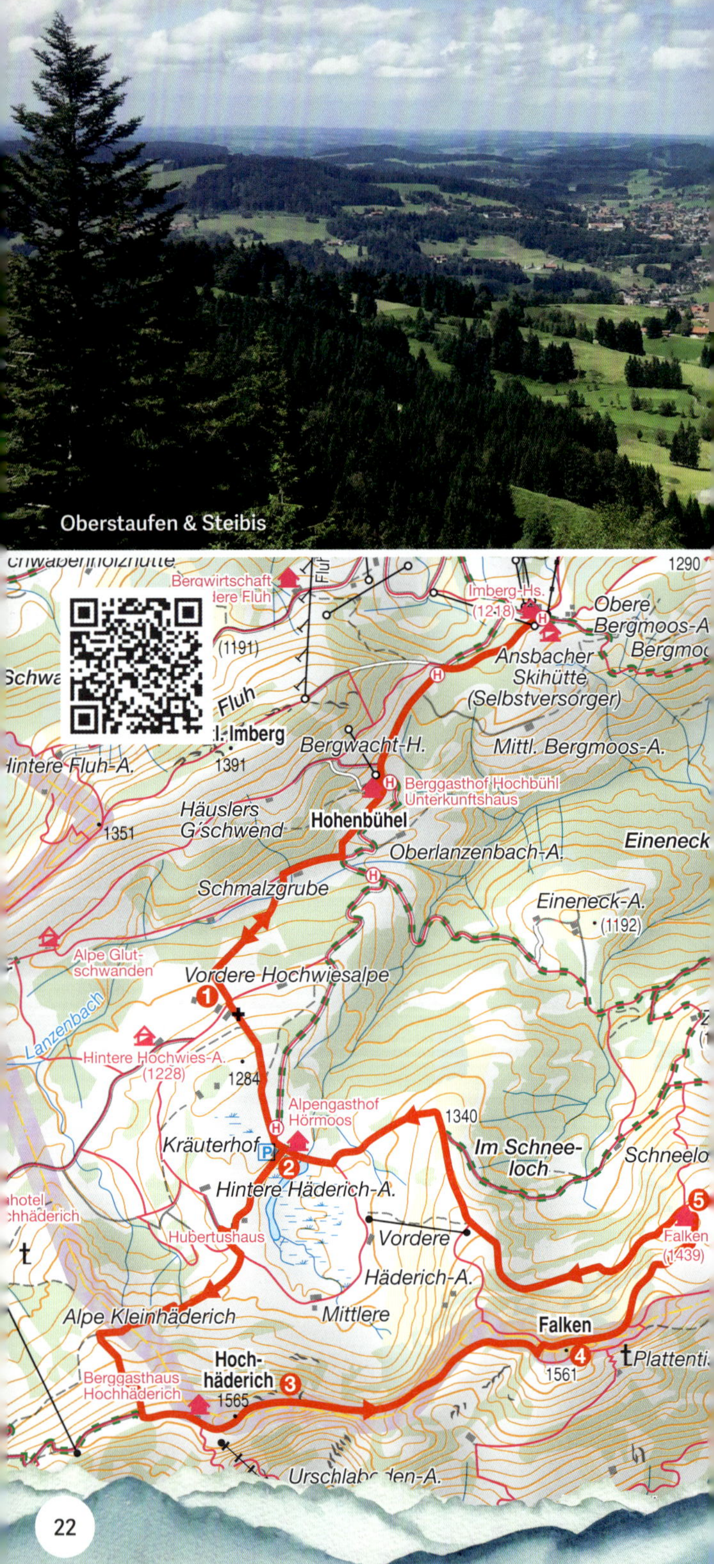
Oberstaufen & Steibis
Bergwirtschaft
Imberg-Hs.
(1218)
Obere
Bergmoos-A.
(1191)
Ansbacher
Skihütte
(Selbstversorger)
Fluh
Imberg
Bergwacht-H.
Mittl. Bergmoos-A.
Hintere Fluh-A.
1391
Berggasthof Hochbühl
Unterkunftshaus
1351
Häuslers
G'schwend
Hohenbühel
Oberlanzenbach-A.
Eineneck
Schmalzgrube
Eineneck-A.
(1192)
Alpe Glut-
schwanden
Vordere Hochwiesalpe
1
Lanzenbach
Hintere Hochwies-A.
(1228)
1284
Alpengasthof
Hörmoos
1340
Kräuterhof
2
Im Schnee-
loch
Hintere Häderich-A.
5
Vordere
Hubertushaus
Falken
(1439)
Häderich-A.
Alpe Kleinhäderich
Mittlere
Falken
Hoch-
häderich
3
4
1561
Berggasthaus
Hochhäderich
1565
22

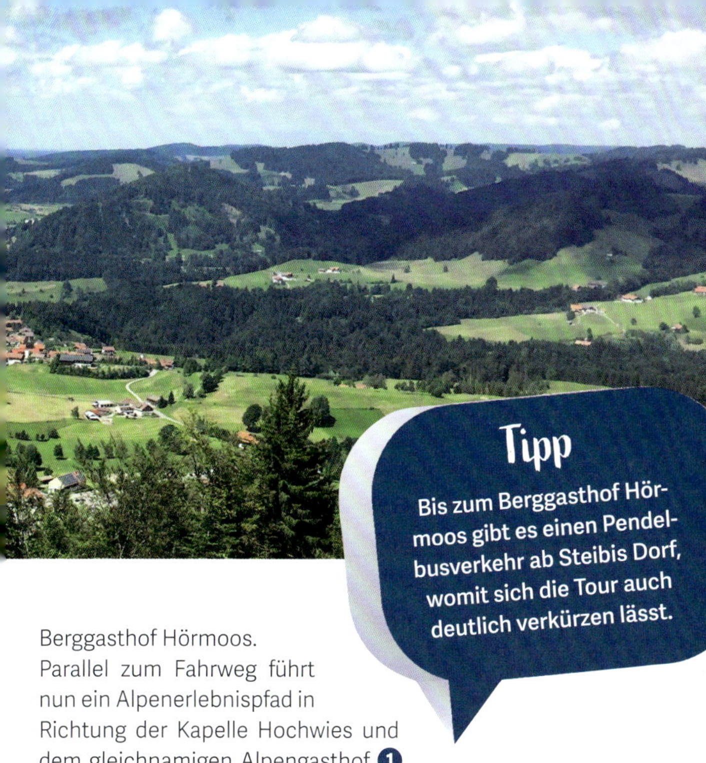

Tipp

Bis zum Berggasthof Hörmoos gibt es einen Pendelbusverkehr ab Steibis Dorf, womit sich die Tour auch deutlich verkürzen lässt.

Berggasthof Hörmoos.
Parallel zum Fahrweg führt nun ein Alpenerlebnispfad in Richtung der Kapelle Hochwies und dem gleichnamigen Alpengasthof ❶.
Hier beginnt der der Weg erstmalig zu steigen. Ein Wiesenpfad führt hinauf zum Alpengasthof Hörmoos.
Rechter Hand am bewirtschafteten Gasthof und am Hörmoos-See ❷ vorbei geht es zum ersten Gipfel des Tages. Mit zunehmendem Verlauf wird der Weg immer steiler, bis er kurz vor dem Gipfel des Hochhäderich deutlich abflacht. Im Übergang zum Falken ❸, dem zweiten Gipfel der Tour, beginnt eine herrlich aussichtsreiche Gratwanderung. Die Europäischen Fernwanderwege verlaufen südlich der Tour im Lecknertal.
Beim Überschreiten der Nagelfluh-Felsen unterstützen an manchen Stellen Drahtseile. Trittsicherheit und ein gewisses Maß an Schwindelfreiheit sollte man mitbringen, um diesen Wegabschnitt genießen zu können.
Im Anschluss an den Grat führt ein letzter Aufstieg hinauf zum Gipfelkreuz des Falken ❹. Der Abstiegsweg ist nun deutlich flacher. In einem weiten Bogen geht es über die bewirtschaftete Falkenhütte ❺ zurück zum Berggasthof Hochbühl und auf identischem Weg zurück zum Ausgangspunkt. Alternativ kann man für den Rückweg auch die einfacher zu gehende Fahrstraße wählen.

GIRENKOPF

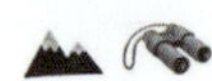

Über die Alpweiden bei Balderschwang

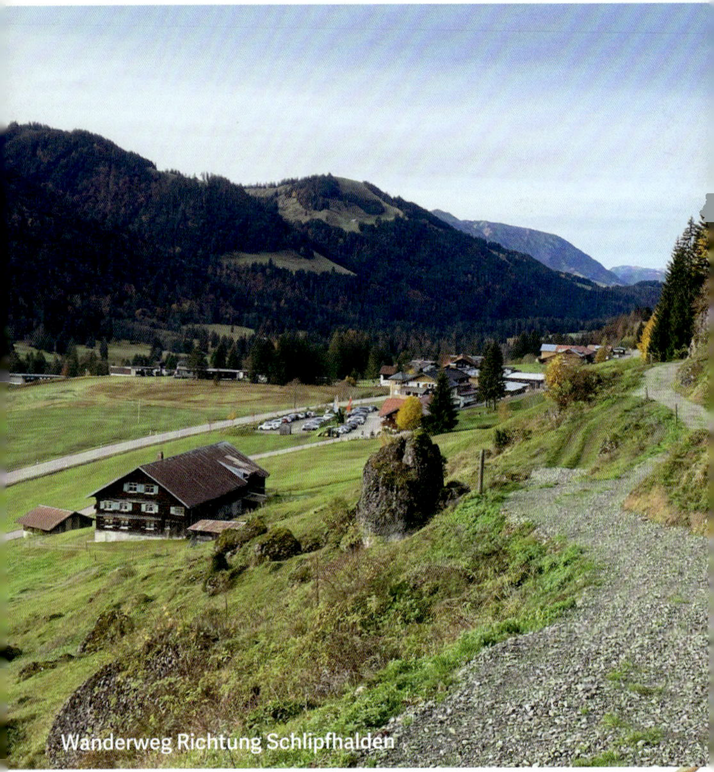

Wanderweg Richtung Schlipfhalden

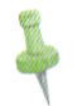

Gebührenpflichtige Parkplätze bei Balderschwang

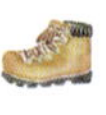

Breite Forst- und Wirtschaftswege wechseln mit schmalen Wald und Bergpfaden im oberen Bereich, kurze steile Abschnitte, meist mäßige Steigung

Alpe Spicherhalde (über Variante)
Balderschwang Dorf

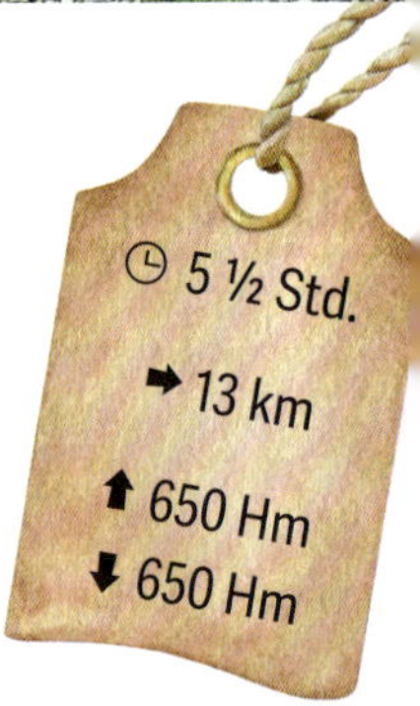

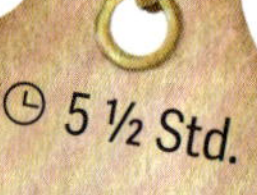

5 ½ Std.
13 km
650 Hm
650 Hm

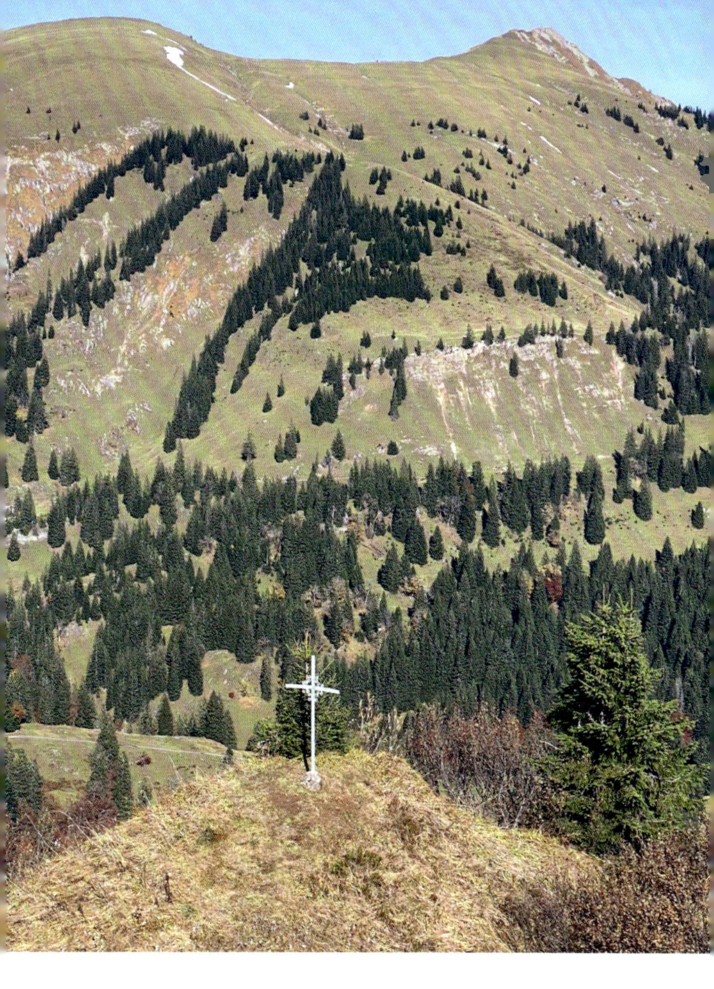

Gerade im Herbst, wenn die Silberdisteln auf den Wiesen stehen, ist diese Tour zum Girenkopf besonders schön. Aber nicht nur zu dieser Jahreszeit.

Von Balderschwang aus geht es zunächst in westlicher Richtung nach Gschwend und weiter nach Schlipfhalden. Entweder direkt an der Straße in Richtung Hittisau, oder auf dem Wanderweg Nummer 4 oberhalb des Dorfes ❶.
Bei Schlipfhalden beginnt ein kleiner Rundweg, den man in die Tour einbauen kann. Der „Entspannungsweg" führt auf ein paar Stationen

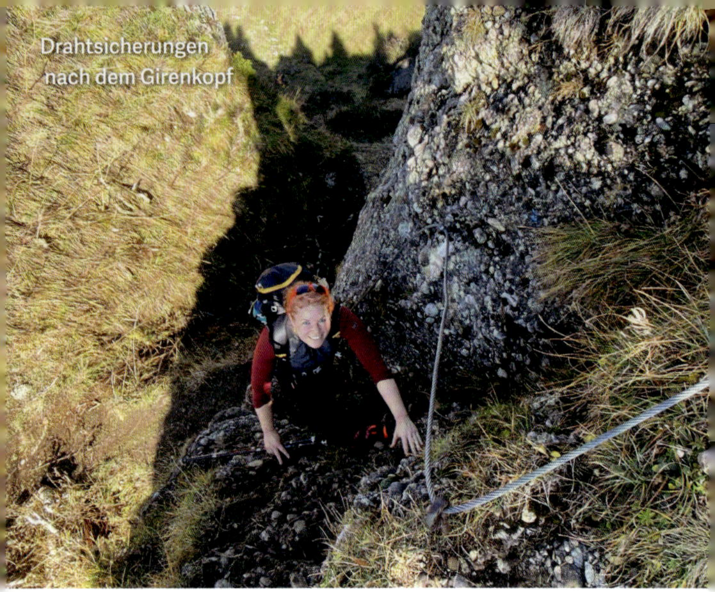

Drahtsicherungen nach dem Girenkopf

mit Ruhebänken durch den Wald. Ein Stück weiter beginnt der Aufstieg in Richtung Vordere Stillbergalpe an einem Wildgatter vorbei ❷. Hier kann man Hirsche und Rehe beobachten, bevor es auf einem Wirtschaftsweg steil nach oben geht.

Kurz vor der Alpe Klösterle ❸ zweigt links ein schmaler Weg in Richtung Stillberg ab. Zunächst geht es über die Alpwiesen, dann in Kehren durch einen wunderschönen Wald nach oben. Bei der Vorderen Stillbergalpe beginnt wieder ein breiter Wirtschaftsweg der an der Alpe vorbei nach oben fuhrt. Der Stillberggipfel bleibt, im Wald verborgen, linker Hand

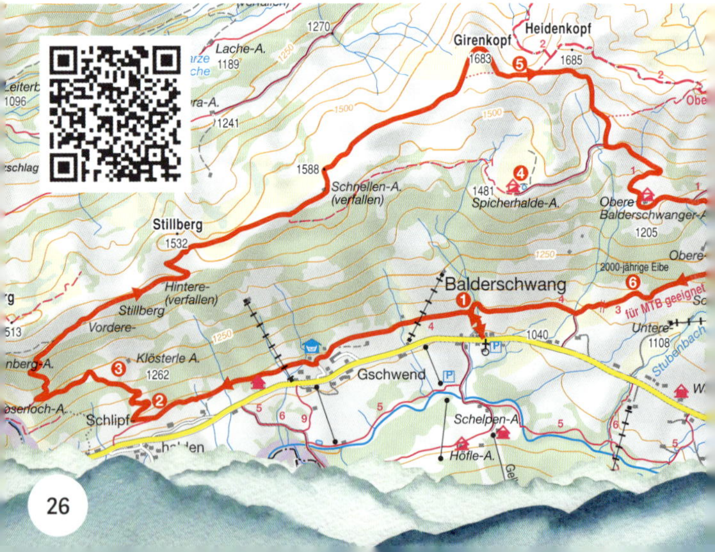

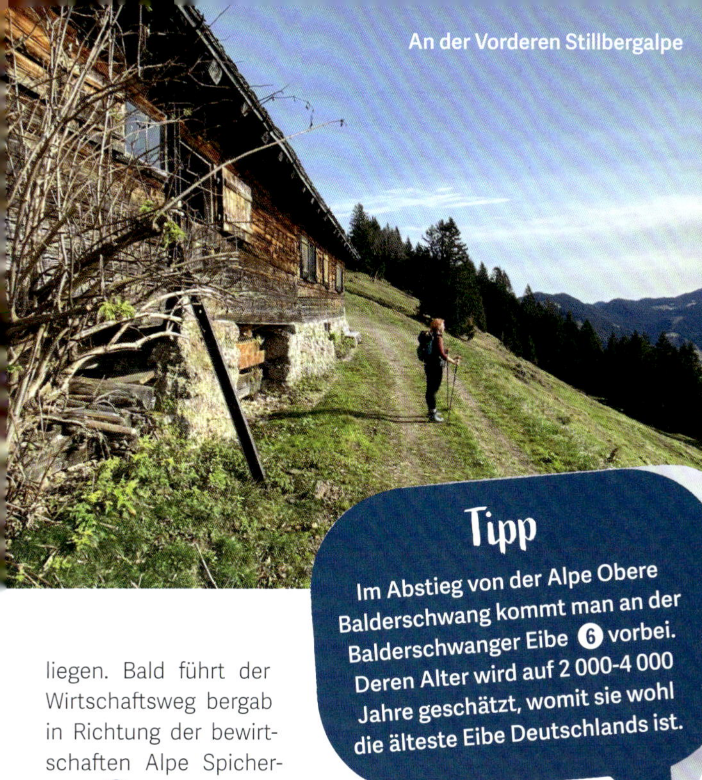

Tipp

Im Abstieg von der Alpe Obere Balderschwang kommt man an der Balderschwanger Eibe 6 vorbei. Deren Alter wird auf 2 000-4 000 Jahre geschätzt, womit sie wohl die älteste Eibe Deutschlands ist.

liegen. Bald führt der Wirtschaftsweg bergab in Richtung der bewirtschaften Alpe Spicherhalde 4. Wer mit kleinen Kindern unterwegs ist, sollte diesen Weg wählen. Er umgeht den Gipfel und somit auch die teils abschüssigen Wände im Übergang Richtung Heidenkopf.

Links ab beginnt der Gratweg zum Girenkopf. Zunächst auf einem breiten Rücken, führt der Weg über die Alpwiesen in leichtem Auf und Ab zum Ziel. Das Gipfelkreuz des Girenkopfs liegt ein paar Meter unterhalb des Wegs.

Mit dem Abstieg in Richtung Heidenkopf 5 beginnt der anspruchsvollere Teil der Tour. Gerade bei Nässe ist das abschüssige Gelände nicht zu unterschätzen. Der schmale Pfad ist an einigen Stellen mit Drahtseilen im Nagelfluh gesichert. Schließlich ist der Sattel im Übergang zum Heidenkopf (Tour Nummer 2) erreicht. Der Gipfel wäre in etwa 20 Minuten zu erreichen. Der Weg dorthin beinhaltet aber auch noch ein paar steile, drahtversicherte Aufstiege. Der weitere Abstieg ist nun deutlich einfacher. Zunächst über einen Wiesenweg, dann über den von der Spicherhalde kommenden Fahrweg geht es zur Alpe Obere Balderschwang und weiter zum Ausgangspunkt.

SIEDELALPE, JUGETALPE UND PFARRALPE

Oberhalb des Großen Alpsees

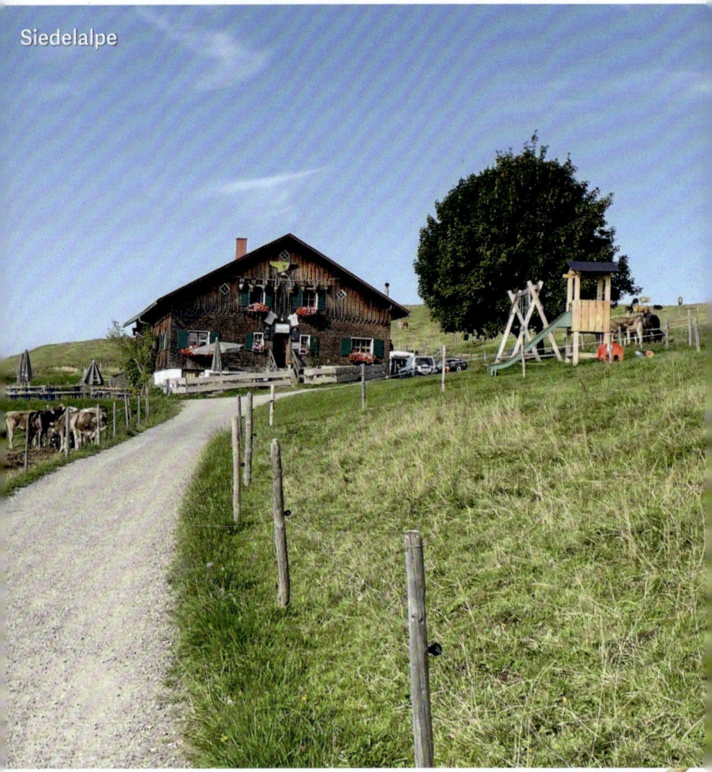

Siedelalpe

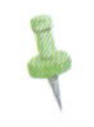

Gebührenpflichtiger Parkplatz Schlettermoos, an der Verbindungsstraße zwischen Immenstadt und Missen-Wilhams (St2006)

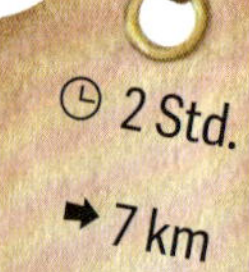

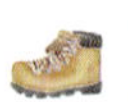

Vielfach breite Forst- und Wirtschaftswege mit kurzen Wiesenpfaden, kaum Steigung

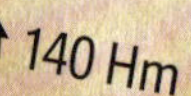

Siedelalpe, Jugetalpe, Pfarralpe

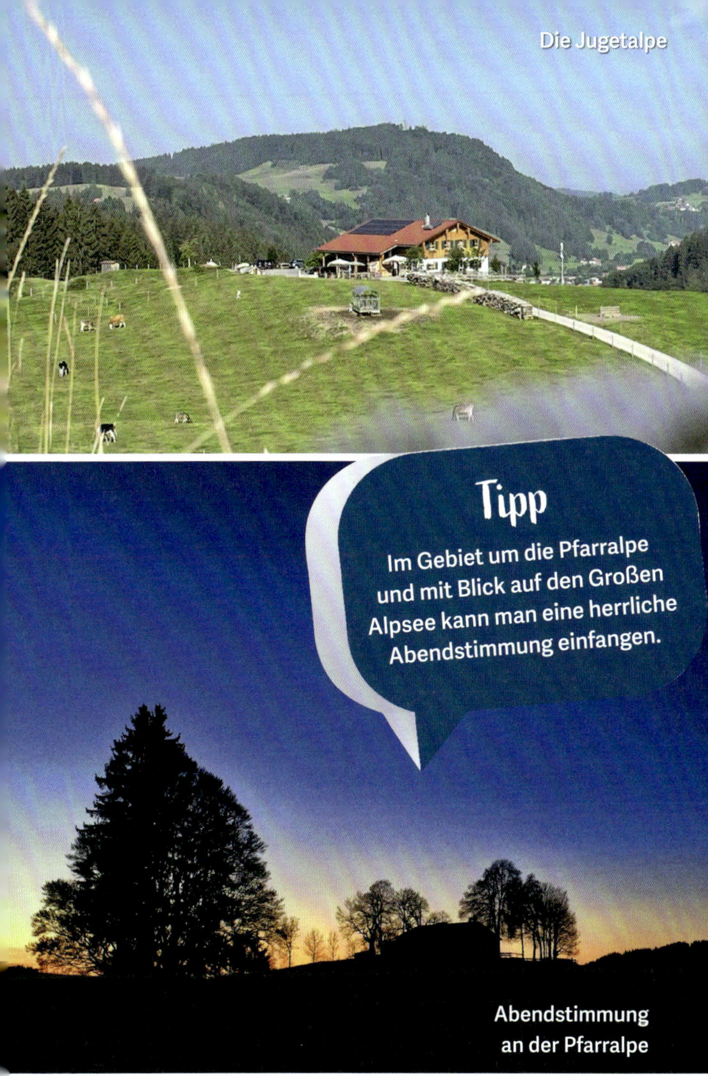

Abendstimmung an der Pfarralpe

Auf dieser leichten Genusswanderung geht es mit Blick auf den Großen Alpsee zu drei Alpen.

Die Wanderung beginnt am gebührenpflichtigen Wanderparkplatz Schlettermoos, an der Verbindungsstraße zwischen Immenstadt und Missen-Wilhams. Durch den kaum spürbaren Höhenunterschied ist diese Tour für Familien besonders gut geeignet.
Gut ausgeschildert geht es zunächst auf einem Waldpfad zu den deutlich breiteren Wirtschaftswegen um die Alpen.

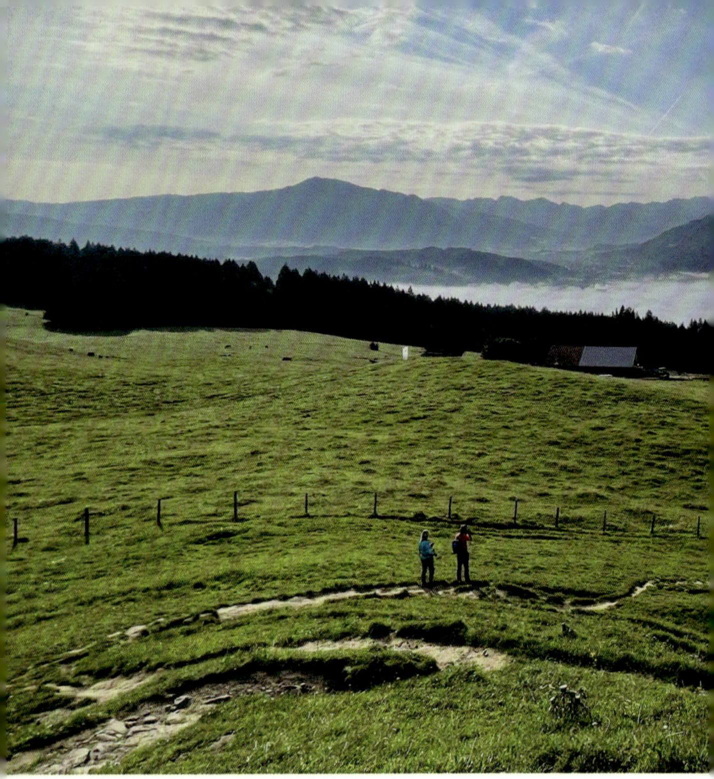

Für den Hinweg empfiehlt sich die Variante über die Siedelalpe. Direkt hinter der Alpe beginnt der erste kurze Aufstieg der Tour. Es geht auf das 1 024 Meter hoch gelegene Köpfle ❶. Ein Aussichtspunkt mit Gipfelkreuz und wunder-

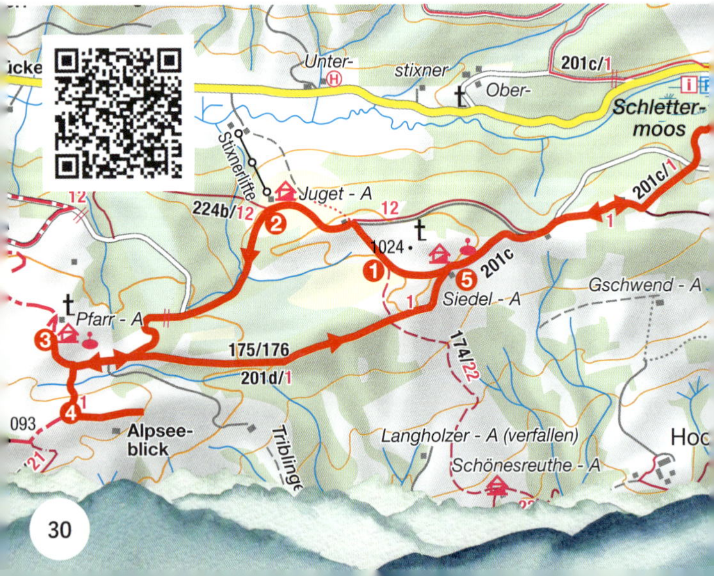

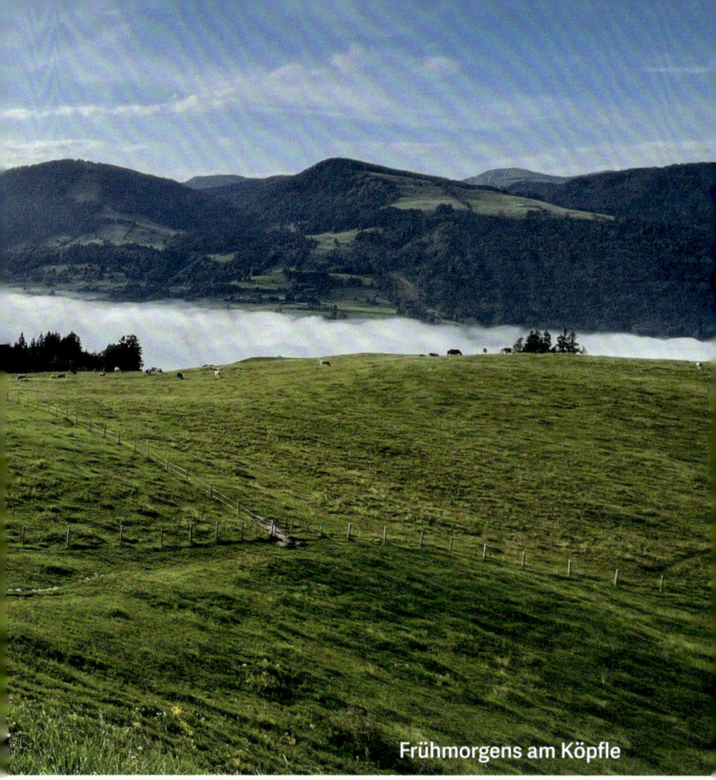

Frühmorgens am Köpfle

barem Blick über den Großen Alpsee und auf den Allgäuer Hauptalpenkamm.

Direkt danach beginnt der Abstieg zur Jugetalpe 2, die man vom Gipfelkreuz aus schon erkennen kann. Mit oder ohne Einkehr geht es zunächst leicht abfallend dahin, bevor der zweite, etwas längere Anstieg folgt.

Es geht hinauf in das Gebiet der Pfarralpe 3, der letzten bewirtschafteten Alpe auf dieser Rundwanderung. Sie ist zugleich Wendepunkt der Tour.

Zunächst wieder auf dem Fahrweg der Alpe, dann über einen Wiesenpfad geht es zurück in Richtung Jugetalpe. Wer möchte, kann kurz hinter der Alpe noch einen Abstecher zu einem ausgeschilderten Aussichtspunkt 4 machen.

Der Rückweg zum Ausgangspunkt führt nunmehr leicht bergab durch den Wald und über freie Alpwiesen zurück zur Siedelalpe 5 und schließlich zum Wanderparkplatz.

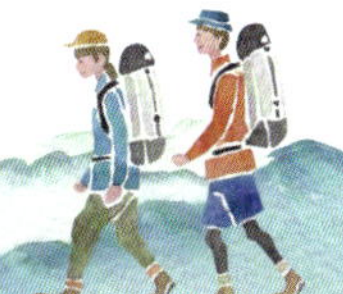

BILDSTÖCKLE UND FLUHENSTEIN

Panoramablick in die Oberstdorfer Berge

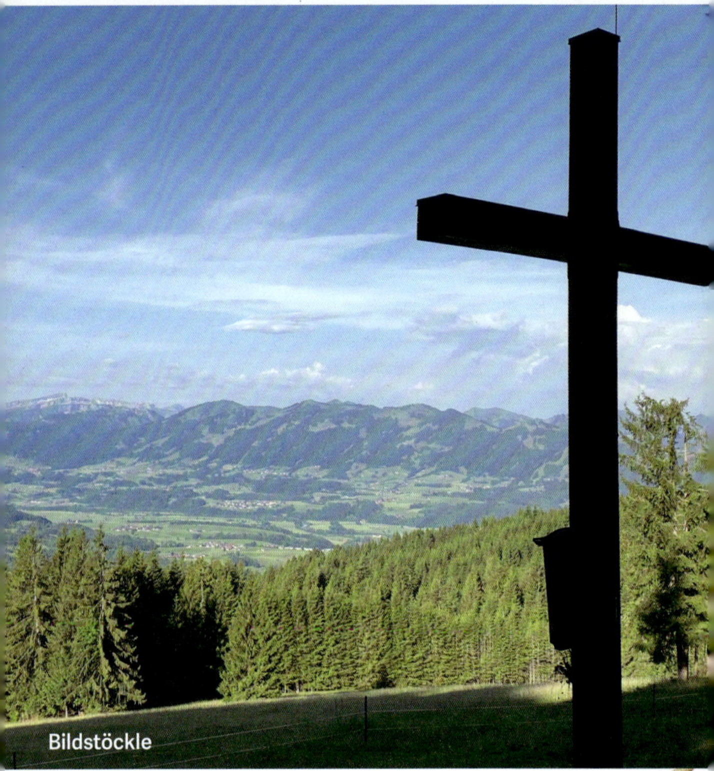

Bildstöckle

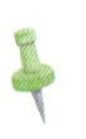

Sonthofer Ortsteil Berghofen am Feuerwehrhaus, alternativ kleiner Wanderparkplatz unterhalb von Unterried, Zufahrt über Steig (Hotel Allgäu Stern) und weiter nach Walten und Unterried

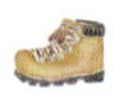

Breite Forst- und Wirtschaftswege, zu Beginn und im Gipfelbereich schmale Wiesenpfade, mäßige Steigung

keine

4 ½ Std.

11 km

550 Hm

550 Hm

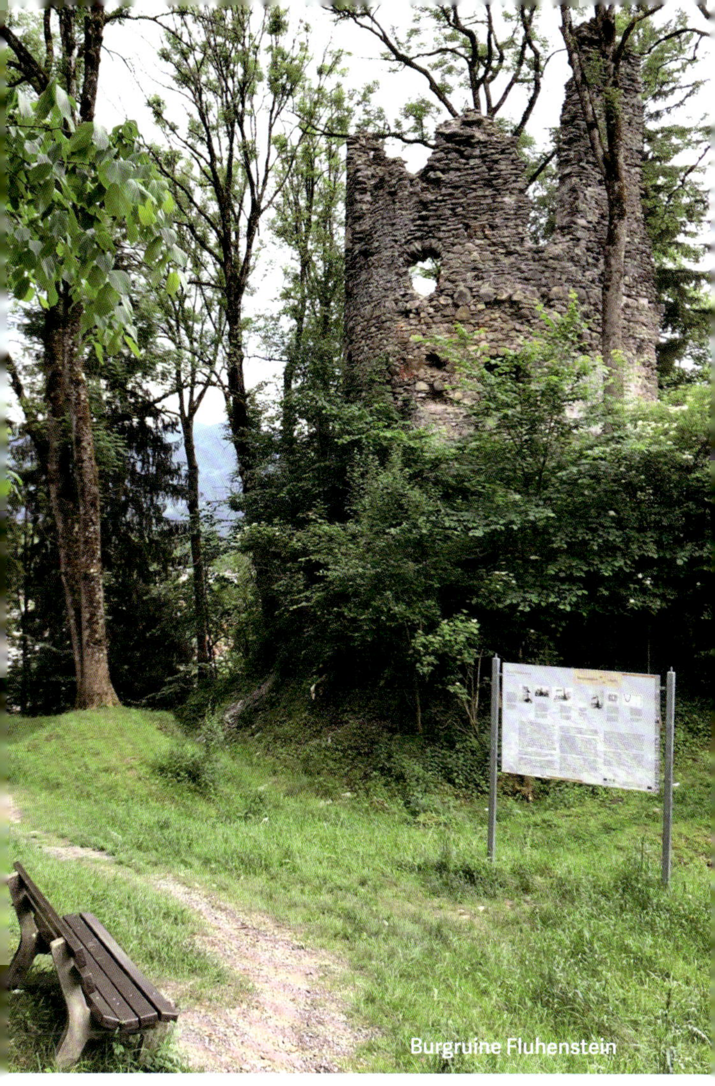

Burgruine Fluhenstein

Burgen, Kapellen und ein Museum. Neben einem wunderschönen Ausblick kann man auf dem Weg zum Bildstöckle einiges entdecken.

Direkt im Stadtgebiet von Sonthofen beginnt die Wanderung auf das Bildstöckle. Gleich zu Beginn führt ein schmaler Weg an der Burgruine Fluhenstein ❶ vorbei. Über die Wiesen oberhalb des Sonthofer Ortsteils Berghofen geht es nach Walten und weiter nach Unterried, zwei weiteren Ortsteilen der Oberallgäuer Kreisstadt.

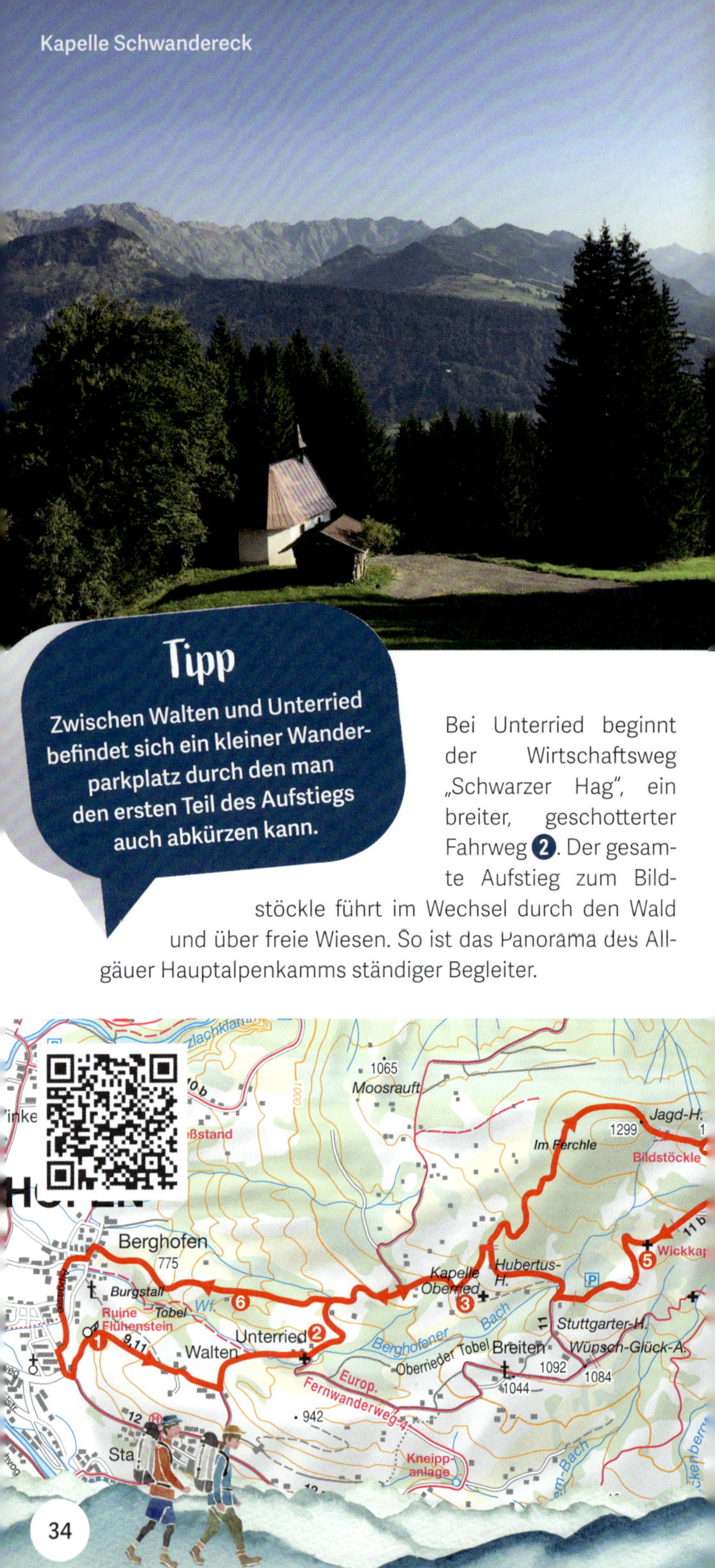

Kapelle Schwandereck

Tipp

Zwischen Walten und Unterried befindet sich ein kleiner Wanderparkplatz durch den man den ersten Teil des Aufstiegs auch abkürzen kann.

Bei Unterried beginnt der Wirtschaftsweg „Schwarzer Hag", ein breiter, geschotterter Fahrweg **2**. Der gesamte Aufstieg zum Bildstöckle führt im Wechsel durch den Wald und über freie Wiesen. So ist das Panorama des Allgäuer Hauptalpenkamms ständiger Begleiter.

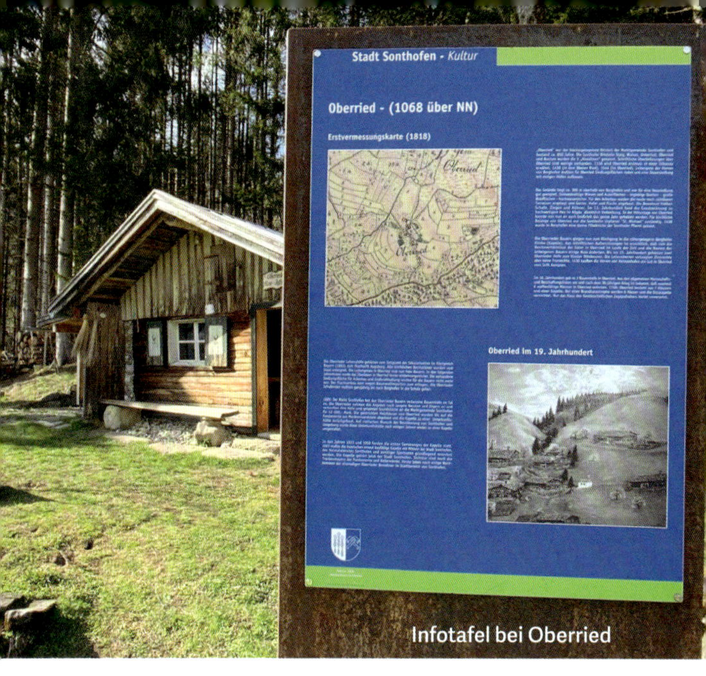

Infotafel bei Oberried

Die Dreifaltigkeitskapelle, ein als Mini-Museum umgestaltetes Holzhaus sowie ein paar Grundmauern bilden die Überreste von Oberried 3, dem einst höchstgelegenen Ortsteil von Sonthofen. Kurz nach der Kapelle steigt der Weg im Wald kurz steiler nach oben, bevor ein abermals breiter Wirtschaftsweg folgt.

Noch vor dem Bildstöckle endet der Fahrweg und ein schmaler Pfad führt in leichtem Auf und Ab zum Aussichtspunkt mit Gipfelkreuz 4.

Im Abstieg schwenkt die Tour auf den E4 und den Maximiliansweg ein, die vom Tiefenbacher Eck herüber kommen. Über den nach Sonthofen führenden Fahrweg geht es talwärts. Linker Hand befindet sich die Wickkapelle 5. An der Kapelle vorbei führt der Fahrweg bis zu einer Schranke und einem Wanderparkplatz. Rechts ab geht es zurück nach Oberried und von dort ein Stück dem Aufstiegsweg folgend bis kurz vor Unterried.

Hier weisen Schilder nach Berghofen. Zunächst noch durch den Wald, dann über freie Alpwiesen, fällt der Weg in den Sonthofer Ortsteil und von dort zurück zum Ausgangspunkt. Im Abstieg über die Wiesen kommt man am Standort einer weiteren, ehemaligen Burg vorbei 6. Nur ein Gedenkstein erinnert am Waldrand an den Burgstall Berghofen.

7 HINDELANGER SONNENHÄNGE

Leichte Wanderung auf aussichtsreichen Wegen

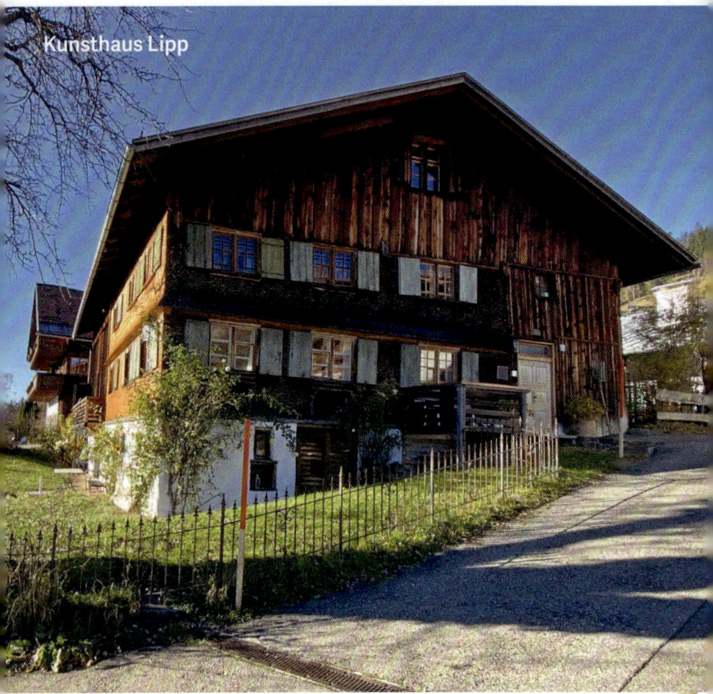

Kunsthaus Lipp

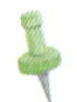 Parkplätze in Vorderhindelang, direkt an der B308

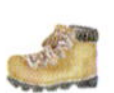 Zunächst breite Wirtschaftswege, überwiegend Wiesenpfade; zu Beginn steil, dann moderate Steigung

 in Vorderhindelang

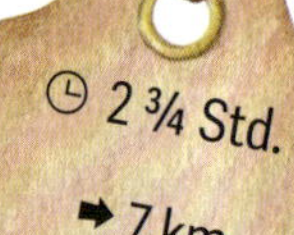

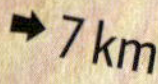

2 ¾ Std.

➡ 7 km

⬆ 350 Hm

⬇ 350 Hm

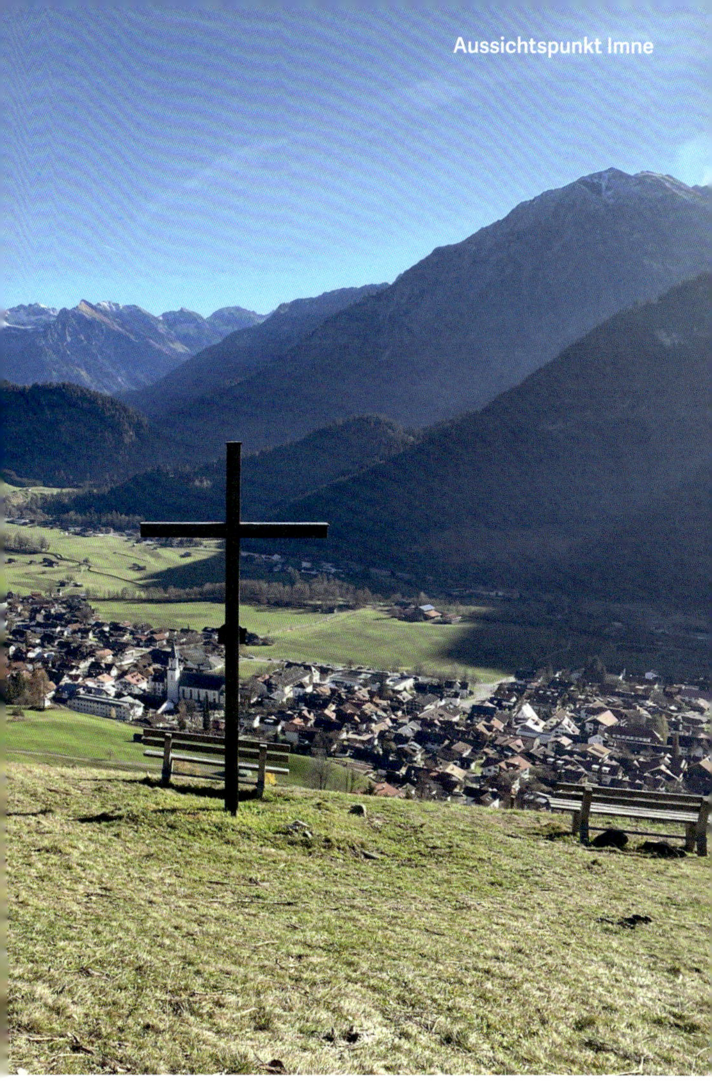

Auf den sonnendurchfluteten Hängen oberhalb von Bad Hindelang warten auf vergleichsweise geringer Höhe einige herrliche Wege auf Entdecker.

Diese Tour beginnt in Vorderhindelang und führt unterhalb der Fernwanderwege an den Hängen entlang. Direkt von der Östlichen Alpenstraße geht es zunächst über den alten Ortskern bergauf und linker Hand an der Kapelle ❶ vorbei. Den Wegweisern in Richtung Lugaus folgend, führt der zunächst schmale Weg aus dem Dorf heraus

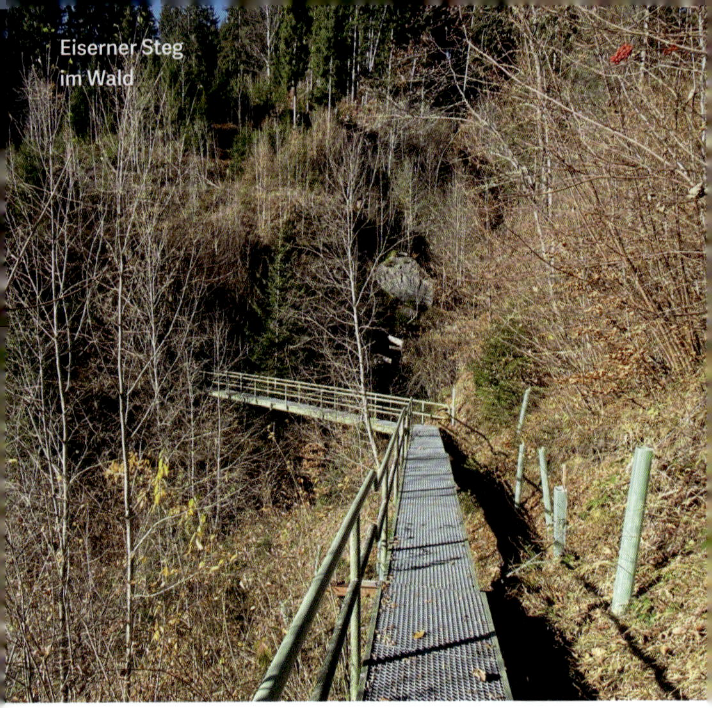

Eiserner Steg im Wald

und taucht ein kurzes Stück in den Wald ein, bevor er in einem Linksbogen wieder auf einen Wirtschaftsweg geht. Bereits im Aufstieg findet man zahlreiche Bänke, um die Aussicht zu genießen. Nach etwa einer Dreiviertelstunde weisen die Schilder rechts ab zum ersten Aussichtspunkt: Lugaus **2** Nun führt ein Wiesenweg am Hang entlang bis zu einem kurzen Eisensteg **3**, der einen kleinen Bach quert. Kurz darauf steigt der Weg wieder über die Wiesen links bergauf.

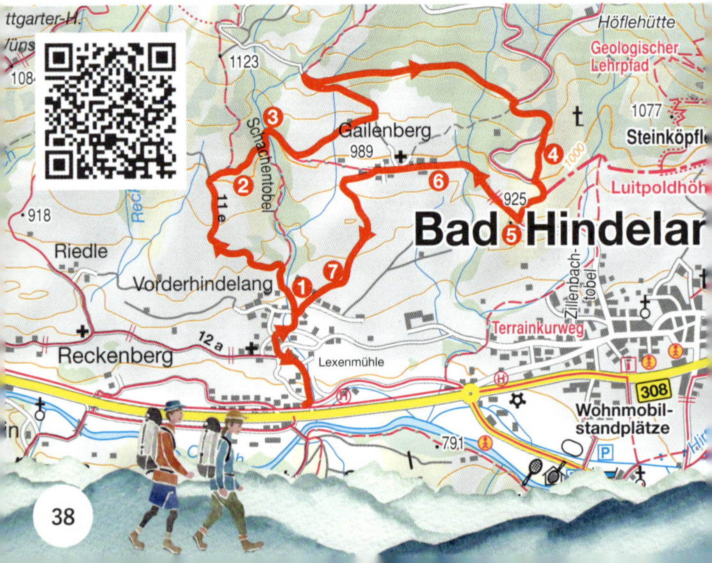

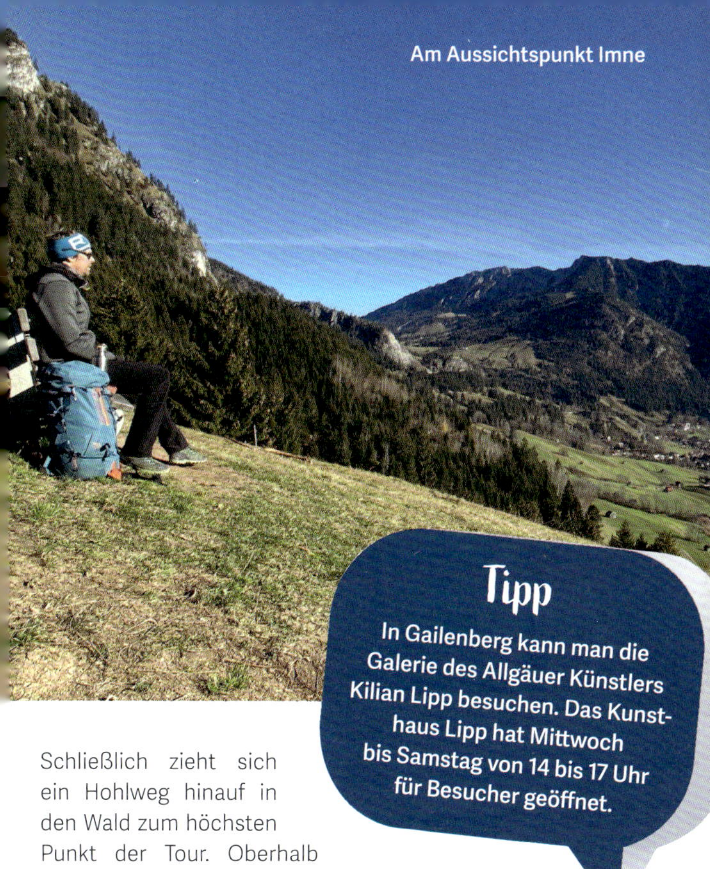

Tipp

In Gailenberg kann man die Galerie des Allgäuer Künstlers Kilian Lipp besuchen. Das Kunsthaus Lipp hat Mittwoch bis Samstag von 14 bis 17 Uhr für Besucher geöffnet.

Schließlich zieht sich ein Hohlweg hinauf in den Wald zum höchsten Punkt der Tour. Oberhalb von Gailenberg geht es nun auf einem breiten Forstweg zunächst eben, dann bergab zum Aussichtspunkt Imne ❹. Von den beiden Ruhebänken und dem Holzkreuz hat man einen herrlichen Blick über Bad Hindelang und das Ostrachtal.

Über einen schmalen Pfad in der Wiese geht es hinunter zur schmalen Straße, die Bad Hindelang mit Gailenberg verbindet. Direkt an der Einmündung befindet sich der dritte Aussichtspunkt auf dieser Tour: Nusche ❺. Unter großen schattenspendenden Bäumen stehen Bänke und auch Holzliegen.

Hier kann man direkt in Richtung Vorderhindelang absteigen. Alternativ führt ein Abstecher über den Fahrweg nach Gailenberg an der Freiheitsstele ❻ vorbei. Die Stele ist Teil des Bildhauer-Projekts „pillars-of-freedom". In Gailenberg zweigt links der Abstieg nach Vorderhindelang ab. Ein breiter Fahrweg führt über die sonnigen Wiesen zum hölzernen Liebesbänkle ❼ und schließlich zurück zum Ausgangspunkt.

GRENZGÄNGER

Der Grenzgänger ist ein vergleichsweise junger Etappenwanderweg. In diesem Buch ist es zugleich der kürzeste Weitwanderweg. Er führt über 75 Kilometer vom Tannheimer Tal über das Allgäu ins Lechtal und wieder zurück.

Auf seinen 6 Tagesetappen zieht sich der Grenzgänger größtenteils durch das Naturschutzgebiet der Allgäuer Hochalpen, überwindet etwa 5 800 Höhenmeter, und führt dabei an zahlreichen Berghütten und Highlights der Region vorbei. So liegen der weithin bekannte Schrecksee oder der Hochvogel auf seiner Route. Die Panoramablicke auf den Vilsalpsee oder die mächtige Höfats zählen zudem zu den eindrucksvollen Erlebnissen auf dem Grenzgänger.

Mehr Informationen: *www.grenzgaenger-wandern.com*

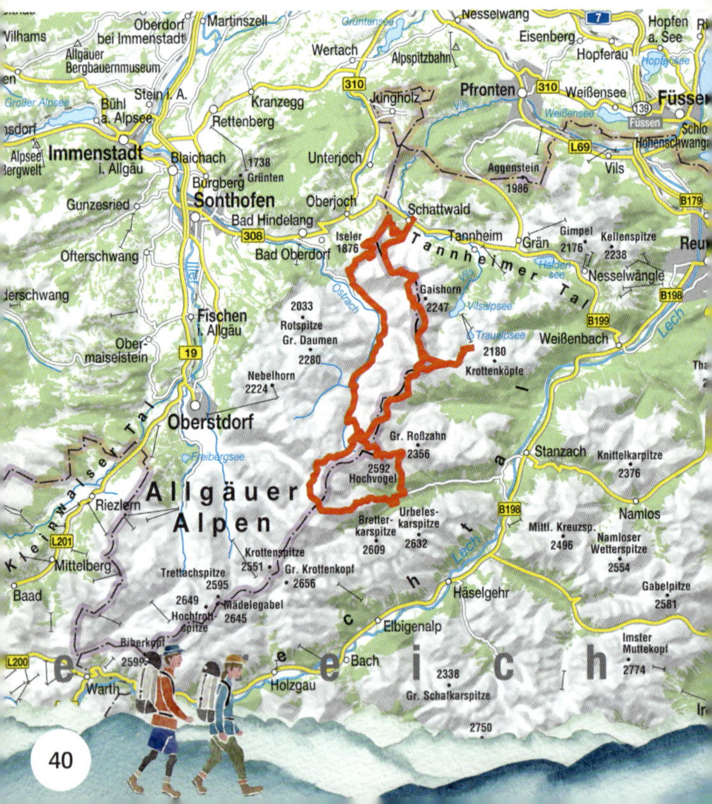

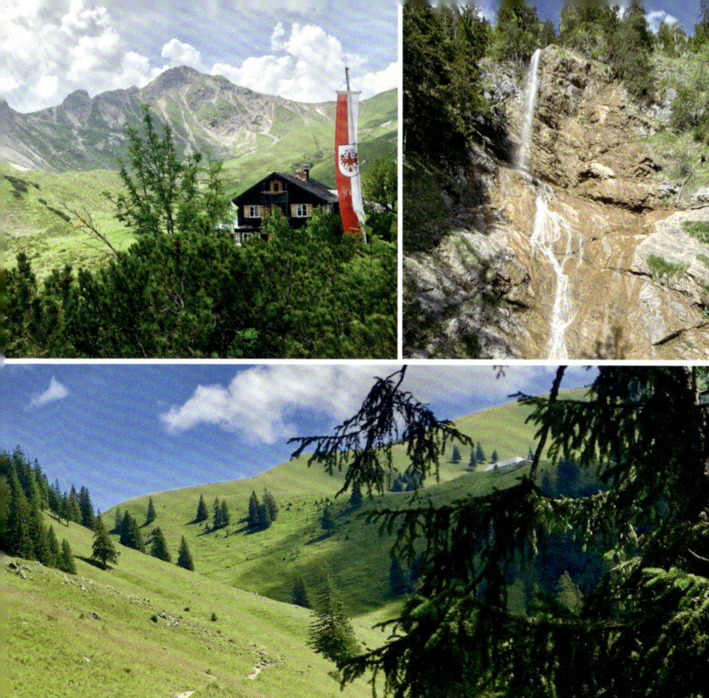

Touren rund um den Grenzgänger

Zipfelsfälle bei Hinterstein

Im Rausch des Wassers

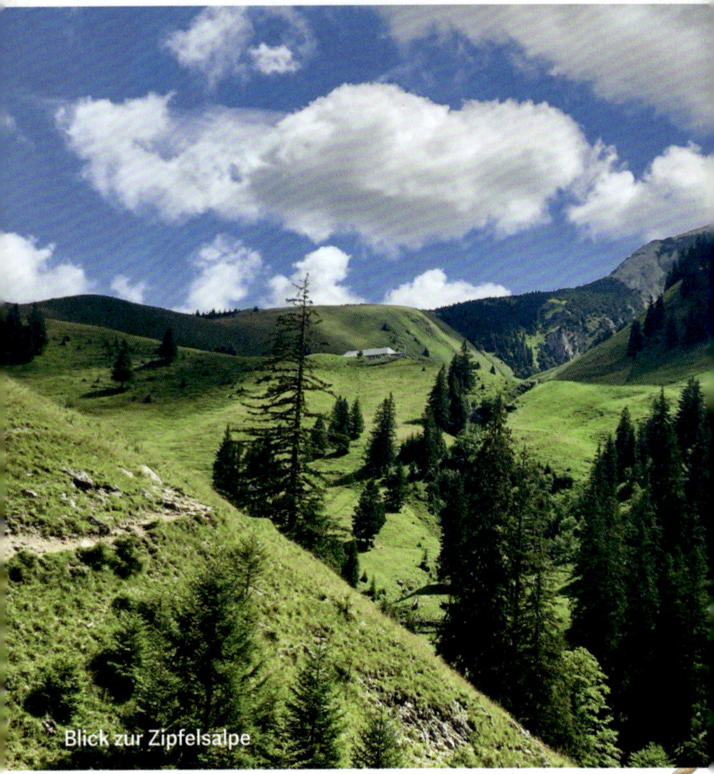

Blick zur Zipfelsalpe

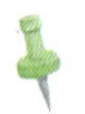

Gebührenpflichtiger Wanderparkplatz an der Talstraße, von Bad Hindelang kommend zwischen Bruck und Hinterstein

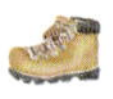

Großteils schmale Bergpfade, zu Beginn und auf dem Rückweg breite Wirtschaftswege, steil

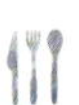

Zipfelsalpe
Naturbad Prinzegumpen

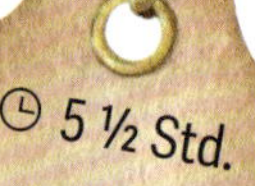

5 ½ Std.

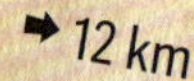

12 km

710 Hm ↑

710 Hm ↓

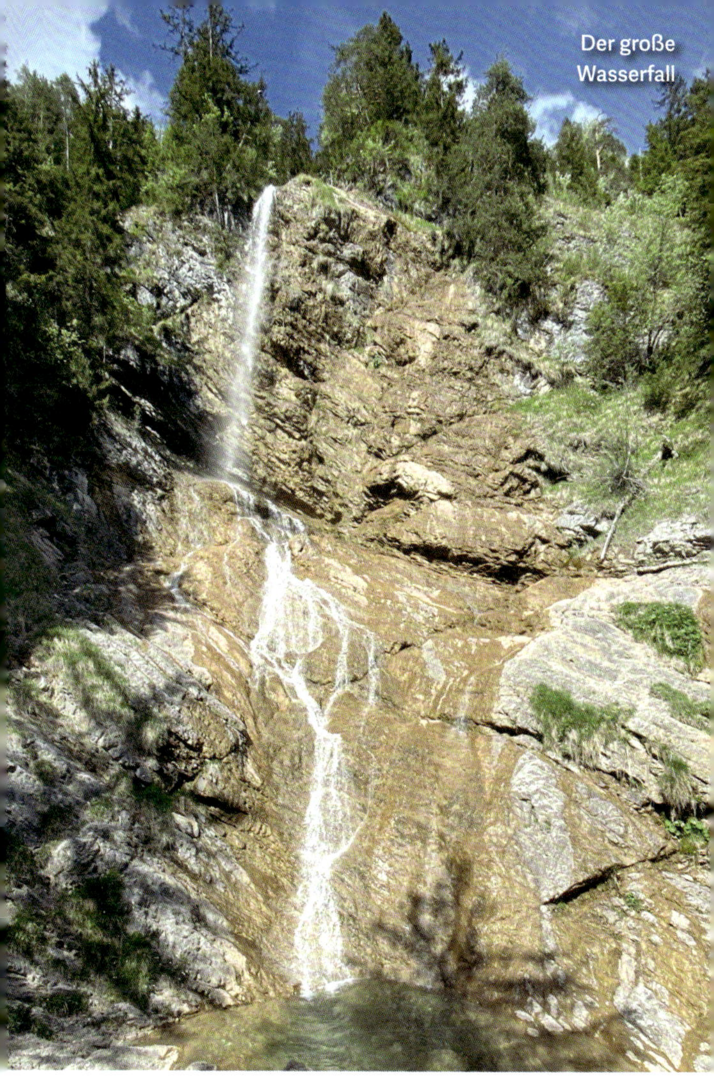

Die Tour zur Zipfelsalpe beinhaltet zwar keinen Gipfel, der Weg selbst sucht aber seinesgleichen. Der imposante Wasserfall zu Beginn der Tour ist sicherlich das Highlight.

Diese Wanderung beginnt am Parkplatz zwischen Bruck und Hinterstein. An der Einfahrt zum Parkplatz geht es, den Wegweisern folgend, Richtung „Hinterstein über Bärenweg". Auf einem breiten Fahrweg führt die Strecke über ein paar Kehren auf freiem Gelände nach oben. Rechter Hand hat man

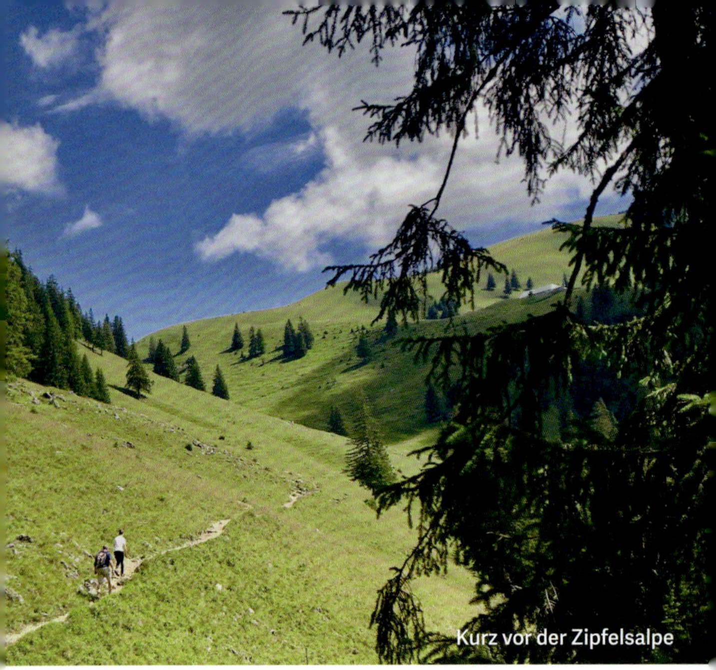

Kurz vor der Zipfelsalpe

einen wunderbaren Blick auf das Bergdorf Hinterstein. Ganz hinten im Tal erkennt man den Aufstieg zum Schrecksee. Hinter uns baut sich der Breitenberg auf.

Die Abzweigung nach Bad Oberdorf bleibt linker Hand liegen und es geht über den Bärenweg 1 in den Wald. In leichtem Auf und Ab zieht sich der schmale Pfad am Hang entlang in Richtung Hinterstein.

Das Rauschen des Zipfelsbach ist immer deutlicher zu hören, bevor der große Wasserfall 2 im Wald auftaucht. Von

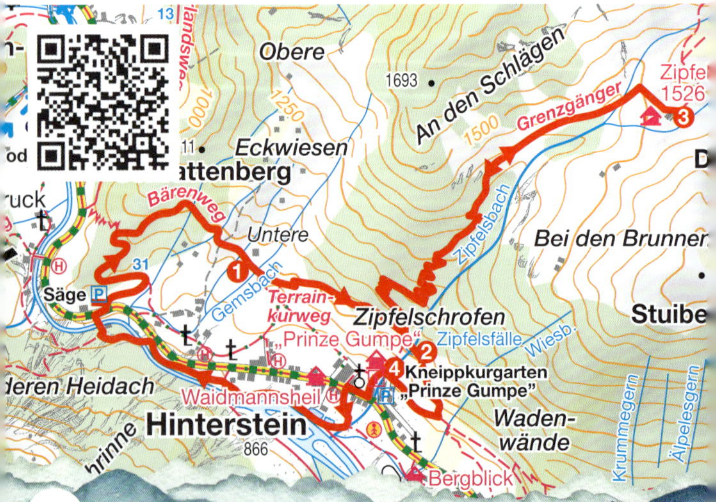

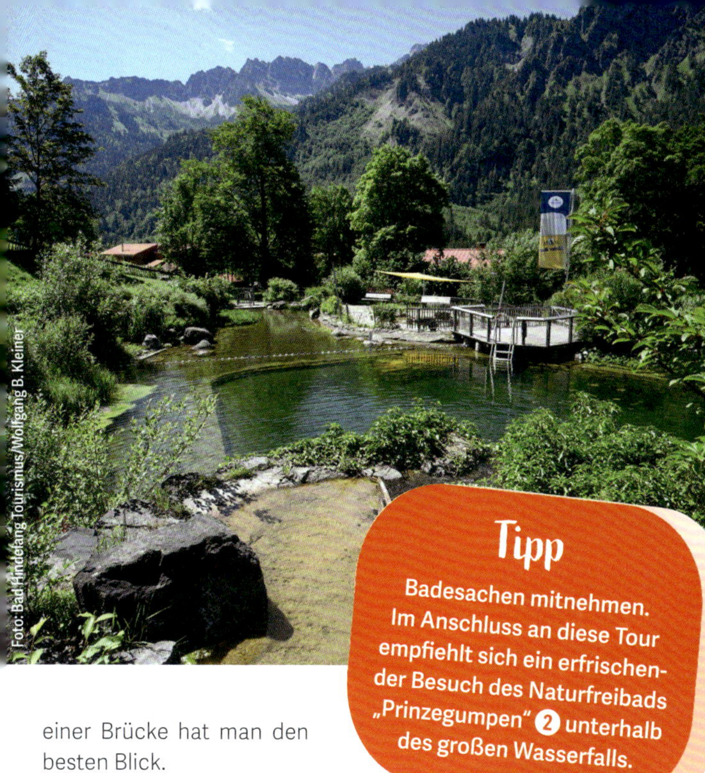

Tipp

Badesachen mitnehmen. Im Anschluss an diese Tour empfiehlt sich ein erfrischender Besuch des Naturfreibads „Prinzegumpen" ② unterhalb des großen Wasserfalls.

einer Brücke hat man den besten Blick.
Kurz vor dem großen Wasserfall beginnt der eigentliche Anstieg zur Zipfelsalpe. Die steilen, engen Kehren sorgen für einen schnellen Höhengewinn.
Langsam wird das Rauschen des Baches leiser und auch der Weg steigt nicht mehr so steil an. Immer noch in bewaldetem Gebiet geht es weiter nach oben. Schließlich gibt der schattenspendende Wald den Blick auf Alpflächen und die Zipfelsalpe ③ frei. Zunächst geht es eben am Hang entlang in Richtung Ziel. Kurz vor der Alpe müssen noch ein paar Kehren bewältigt werden, bevor ein kühles Getränk und eine leckere Brotzeit die Mühen des Aufstiegs vergessen machen.
Der Abstieg erfolgt zunächst auf dem identischen Weg bis zum Wasserfall und dann weiter nach Hinterstein bis an die Ostrach. Von dort führt ein breiter Rad- und Wanderweg zurück zum Parkplatz.
Hinweis: Die Tour zur Zipfelsalpe kann auch um eine Gipfeltour erweitert werden. Etwa 500 Höhenmetern sind es auf den Bschiesser (2 000 m), oder gut 300 Höhenmeter hinauf den Iseler (1 876 m).

9 DER SCHMUGGLERSTEIG AM WANNENJOCH

Von Grenzwärtern und Schmugglern

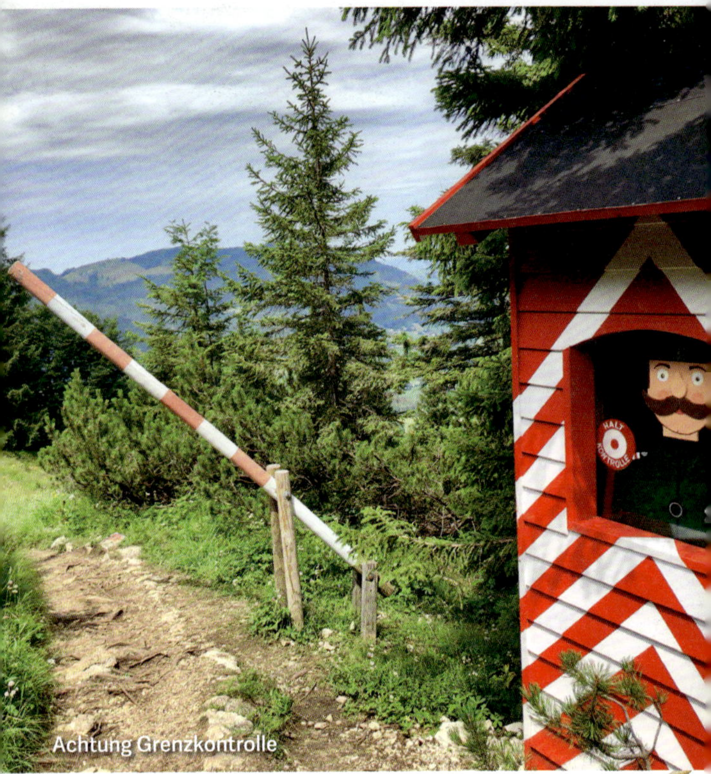

Achtung Grenzkontrolle

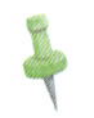

Gebührenpflichtiger Parkplatz an der Talstation der Wannenjochbahn (Tannheimer Straße B199)

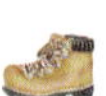

Gut ausgebaute Bergwege, moderate Steigung

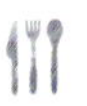

Bergstation Wannenjochbahn
Vordere Wiedhag Alpe
Gundalpe (bei Alternative)

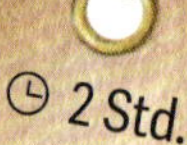

2 Std.
4 km
170 Hm
150 Hm

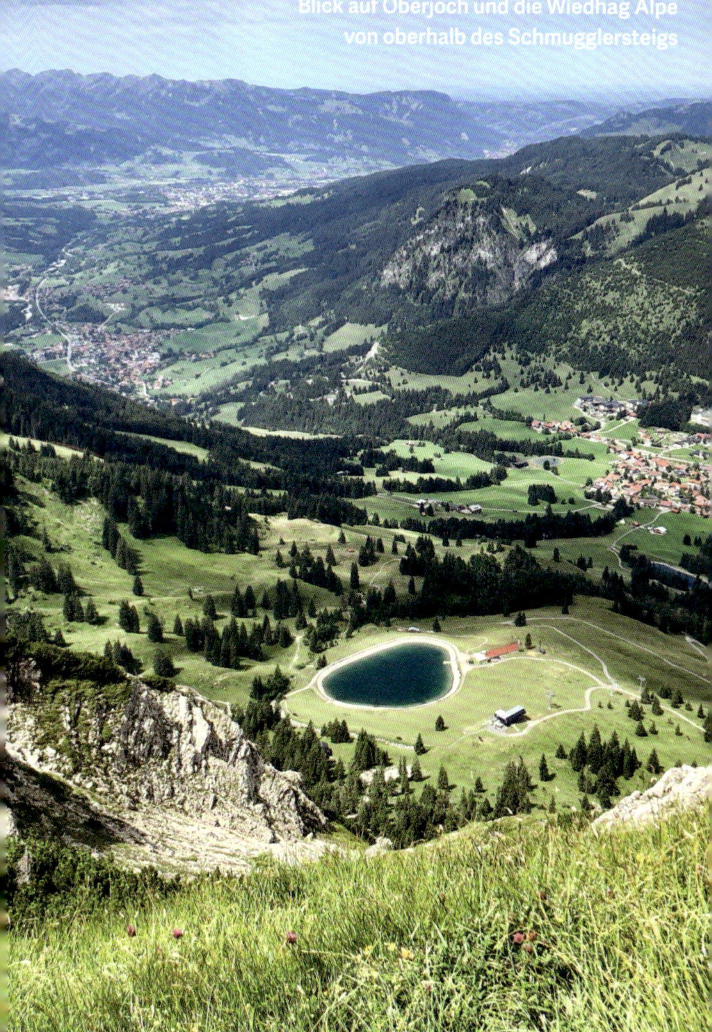

Blick auf Oberjoch und die Wiedhag Alpe von oberhalb des Schmugglersteigs

Leichte Familienwanderung mit Erlebnisstationen zwischen dem Tannheimer Tal und dem Allgäu.

Von Schattwald aus fährt der Sessellift der Wannenjochbahn bis kurz unter das Wannenjoch. Wer den Aufstieg nicht scheut, wandert am östlichen Ende des Parkplatzes nach oben. Zusätzliche 450 Höhenmeter gilt es zu bewältigen. Zunächst auf breiten Forstwegen, dann gut beschildert auf einem Wiesenpfad über die Skipisten ❶.
An der Bergstation ❷ beginnt der Schmugglersteig. Ohne großen Höhen-

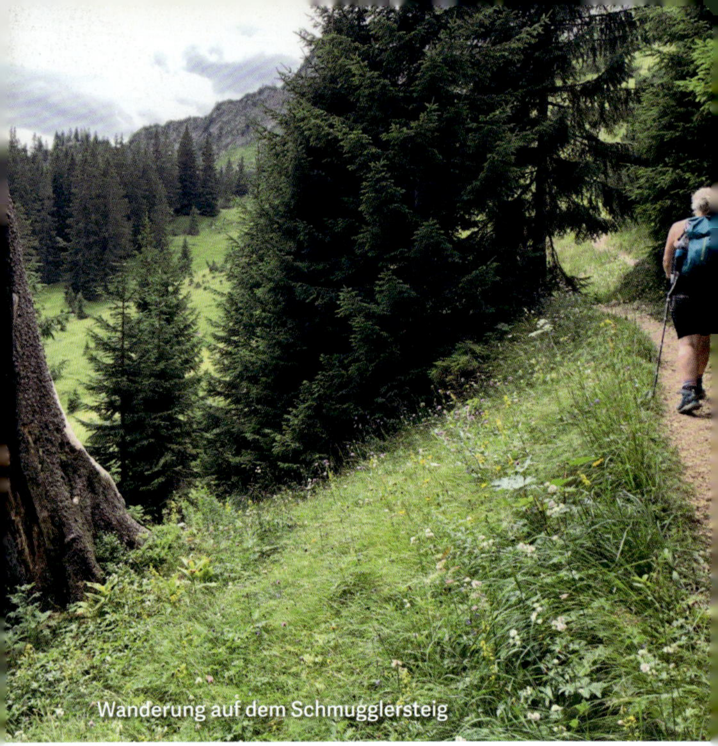

Wanderung auf dem Schmugglersteig

unterschied geht es in Richtung der deutsch-österreichischen Grenze. Der zunächst breite Wanderweg sorgt bei Kindern für viel Abwechslung. Zahlreiche Stationen mit Klettertürmen oder Tunnelröhren warten entlang des Wegs.

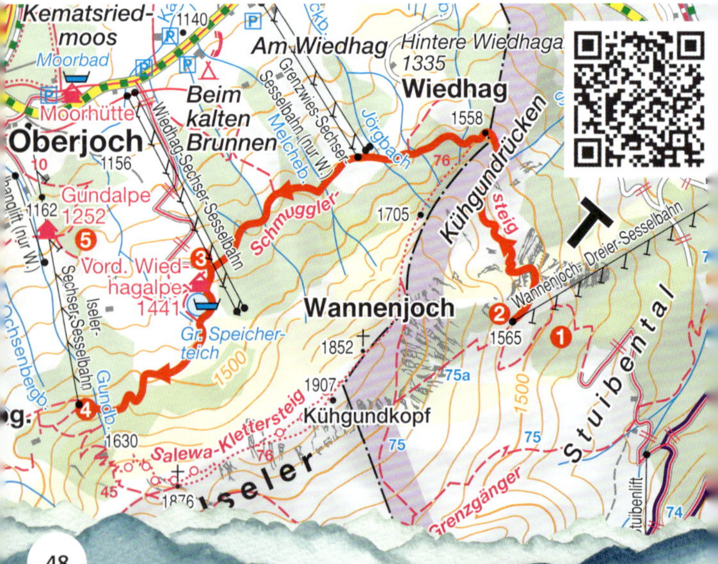

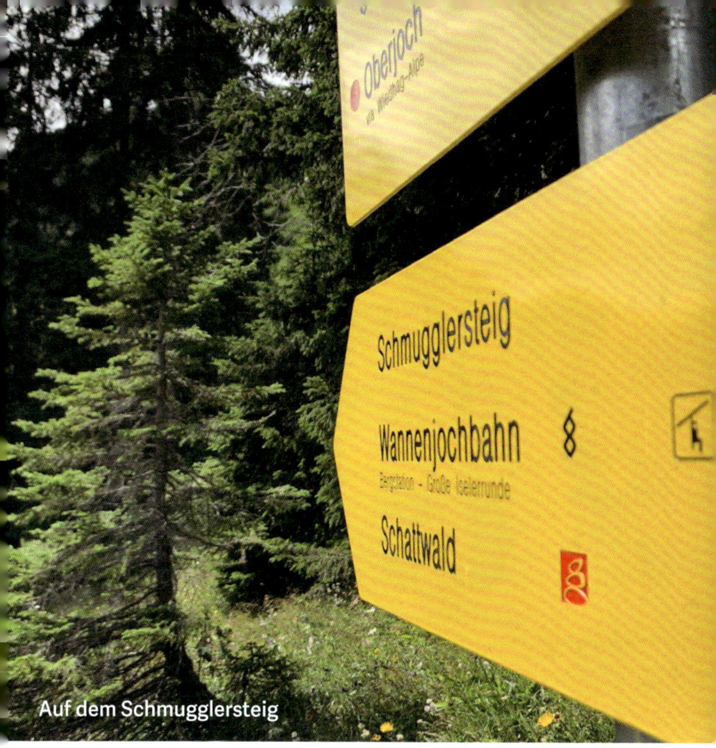

Auf dem Schmugglersteig

Bis zur bewirtschafteten Wiedhag Alpe 3 fällt der Weg immer leicht ab. Erst im Anschluss geht es in Richtung der Bergstation der Iselerbahn 4 bergauf. Von hier aus schwebt man gemütlich ins Tal. Ohne Bergbahn empfiehlt sich der Abstieg über die Alpweiden zur Gundalpe und weiter nach Oberjoch 5.

Diese Wanderung kann auch in umgekehrter Richtung absolviert werden. Ein Wanderbus verkehrt im Sommer stündlich zwischen Schattwald und Oberjoch.

Tipp

An der Bergstation gibt es Ausrüstung für Schmuggler und Grenzwärter. Gut ausgestattet können Kinder auf dem Weg verschiedene Aufgaben lösen. Wenn alle Stationen entlang des Wegs absolviert wurden, gibt es den Schmugglerpass. Informationen gibt es an den Talstationen der Bergbahnen.

LANDSBERGER HÜTTE

3 Seen, 2 Hütten, 1 Genuss

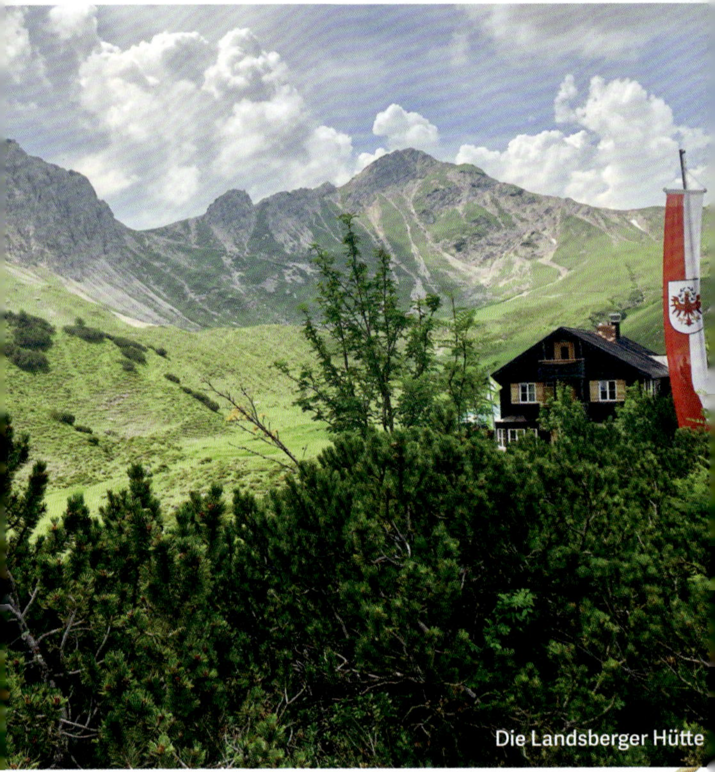

Die Landsberger Hütte

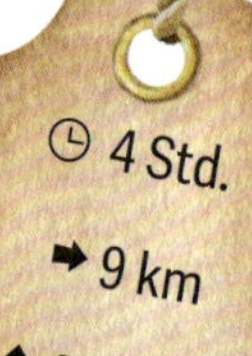

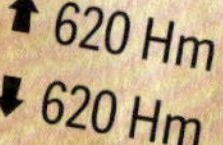

Parkplätze am Ortsausgang von Tannheim bzw. am Vilsalpsee

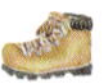

Großteils breite Bergwege, kurz vor der Landsberger Hütte felsiger, teils drahtversicherter Aufstieg, steil

direkt am See:
Gasthaus Vilsalpsee & Fischerstube
auf der Tour:
Traualpe & Landsberger Hütte

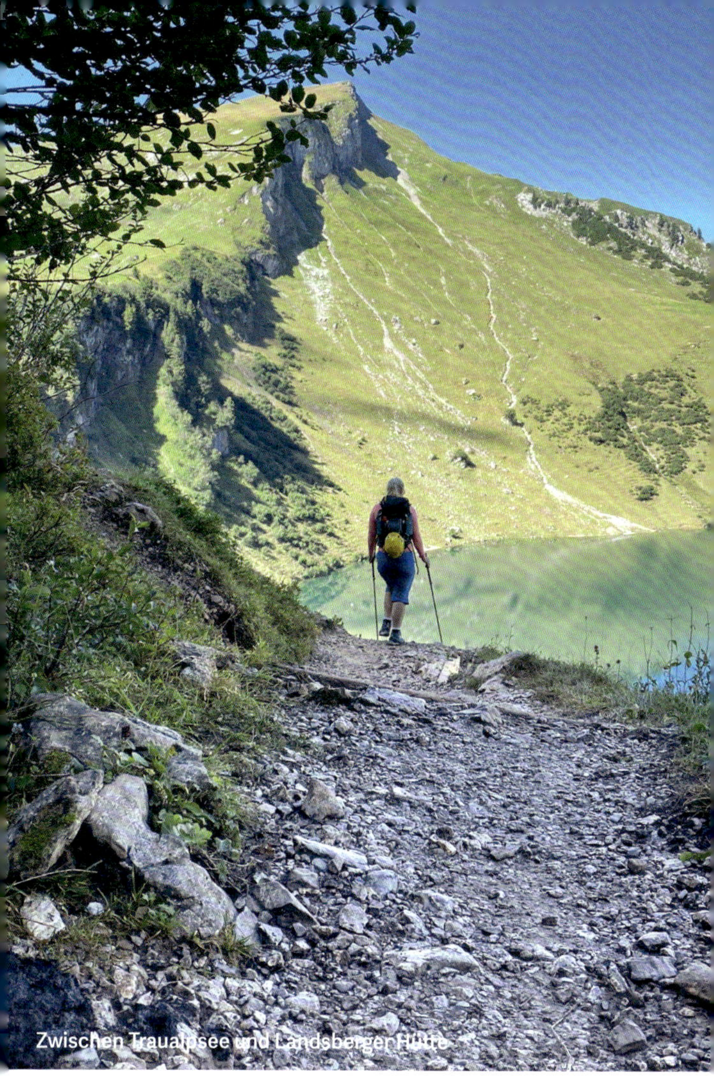

Zwischen Traualpsee und Landsberger Hütte

Die Landsberger Hütte liegt oberhalb des Vilsalpsees, im gleichnamigen Naturschutzgebiet im Tannheimer Tal. Der Vilsalpsee zählt zu den am schönsten gelegenen Seen im gesamten Tourengebiet dieses Buches. Die Wanderung um den See selbst ist daher schon einen Ausflug wert. Die Bergtour zur Landsberger Hütte, einem der Etappenorte des Grenzgängers, führt zu zwei weiteren Bergseen.

Von den Parkplätzen am Vilsalpsee geht es zunächst links um den See bis auf Höhe der Materialbahn der Landsberger Hütte 1.

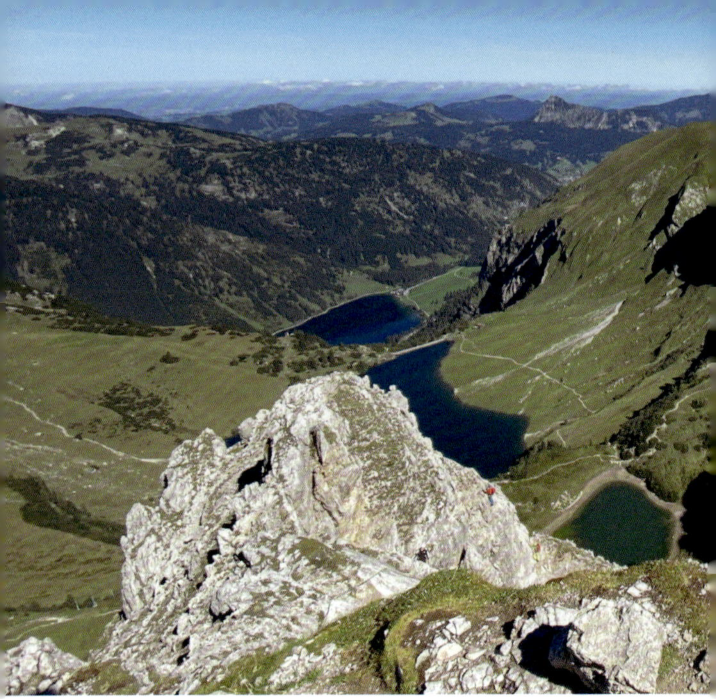

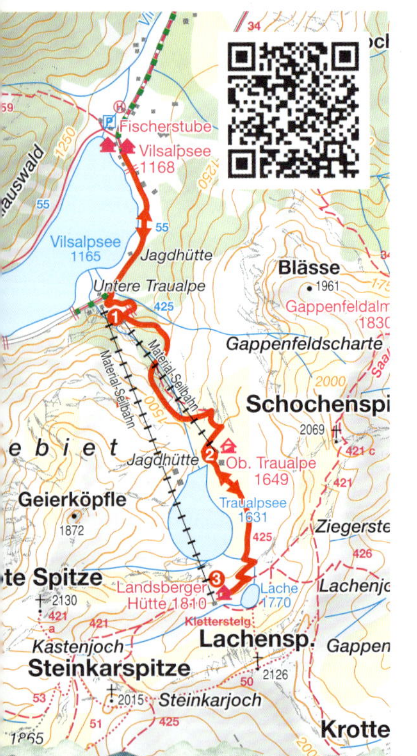

Hier beginnt der Wanderweg hinauf zum Traualpsee und zur Lache. Zunächst noch breit, wird der Weg im Verlauf des Anstiegs immer schmäler. In zahlreichen Kehren geht es durch den Wald auf eine freie Weidefläche. Dann zieht sich der Weg durch teils dichtes Buschwerk die insgesamt etwa 500 Höhenmeter bis zur bewirtschafteten Traualpe **2**. Über die linke Seite des künstlich aufgestauten Sees führt die Route nun zum finalen Anstieg auf die bereits sichtbare Landsberger Hütte. Ein

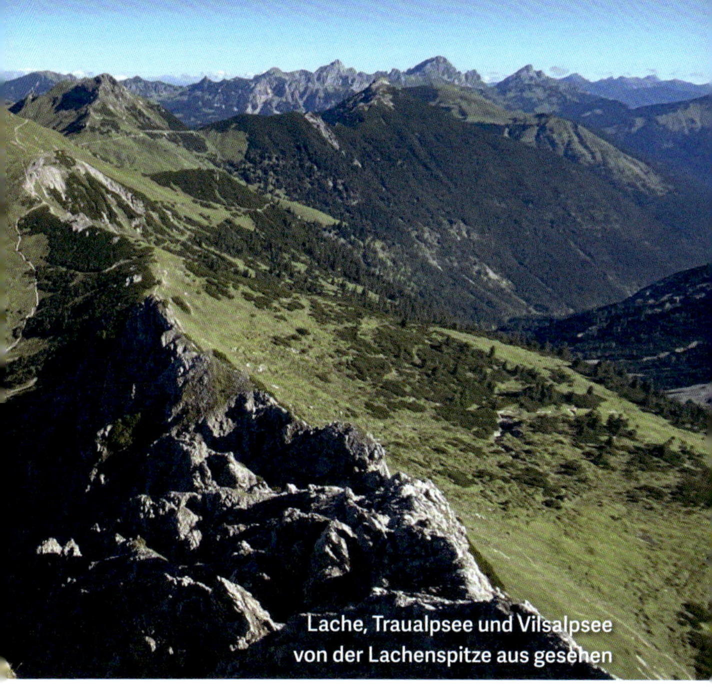
Lache, Traualpsee und Vilsalpsee von der Lachenspitze aus gesehen

paar Drahtseile und eiserne Tritte unterstützen auf dem in den Fels gehauenen Steig. Dann ist die Alpenvereinshütte erreicht. Bei Nässe ist dieser Teil des Wegs mitunter sehr rutschig! Gutes Schuhwerk ist also selbstverständlich.
Von der Terrasse der Landsberger Hütte kann man Kletterer und Klettersteiggeher unter der Nordwand der mächtigen Lachenspitze beobachten. Links unterhalb liegt der kleine Bergsee Lache. Der Abstieg führt auf demselben Weg wieder zurück ins Tal.

Hinweis: Die Straße von Tannheim bis zum Vilsalpsee und zurück ist zwischen 8 und 17 Uhr für den öffentlichen Verkehr gesperrt. Wer später zum See gelangen möchte nutzt entweder den Bus-Pendelverkehr ab Tannheim, oder wandert in einer guten Dreiviertelstunde vom Ort zu den Parkplätzen am See.

Tipp

Badesachen nicht vergessen! Im Anschluss an die Tour lohnt ein Sprung in den herrlichen Vilsalpsee.

PRINZ-LUITPOLD-HAUS & BÄRGÜNDELE ALPE

Im Schatten des Königs der Allgäuer Alpen

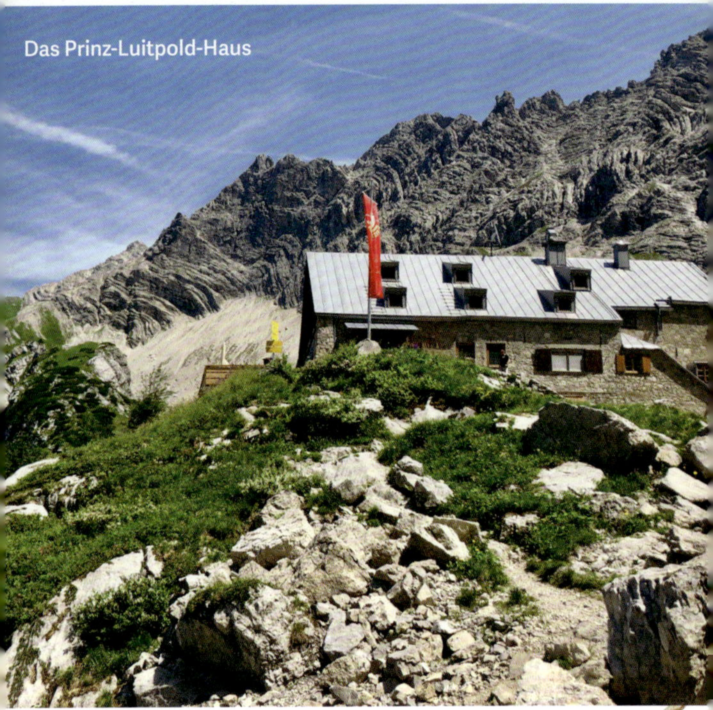

Das Prinz-Luitpold-Haus

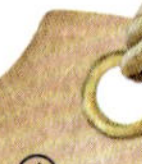

6 Std.
14 km
820 Hm
820 Hm

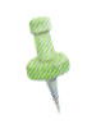

Gebührenpflichtiger Wanderparkplatz „Auf der Höh" am Ortsende von Hinterstein, von dort mit dem Talbus zum Giebelhaus

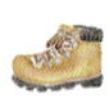

Ab dem Einstieg zur Bärgündele Alpe schmale, steile Bergpfade, im Abstieg ins Gries moderates Gefälle. Zu- und Abstieg von/bis Giebelhaus auf asphaltiertem Fahrweg

Giebelhaus, Untere Bärgündele Alpe, Prinz-Luitpold-Haus

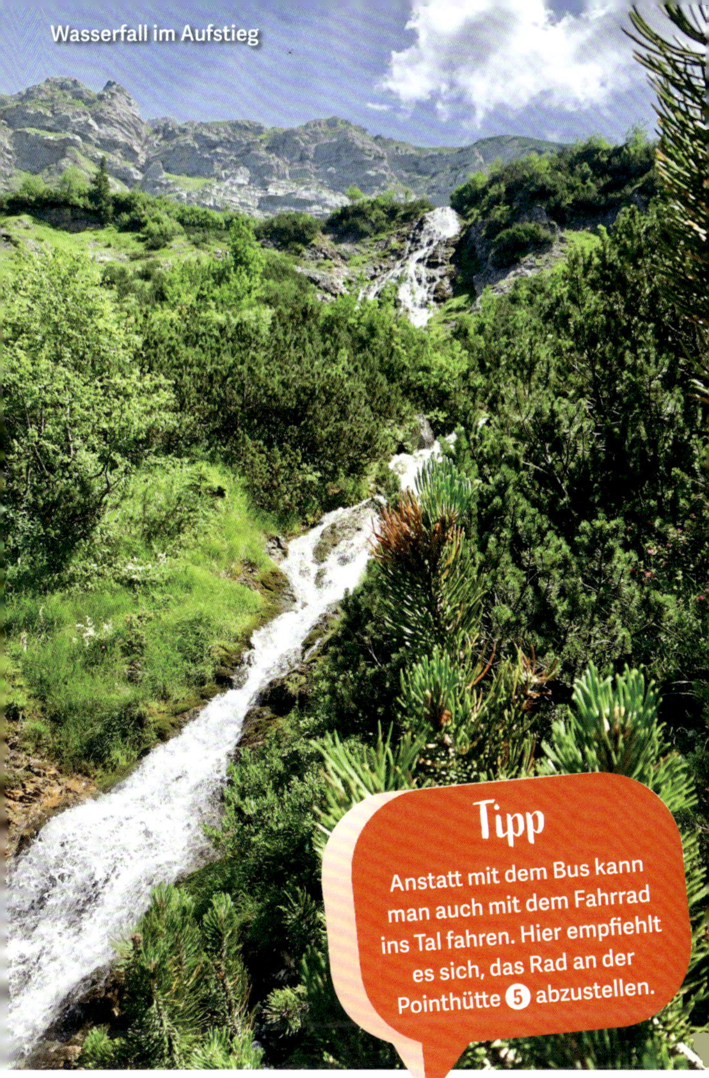

Das Prinz-Luitpold-Haus ist Ausgangspunkt für den bekannten Jubiläumsweg oder die Besteigung des Hochvogel, dem König der Allgäuer Alpen. Heute ist das Schutzhaus selbst Ziel der Tour.

Von Hinterstein aus fährt ein Talbus regelmäßig bis zum Giebelhaus. Dort beginnt die Wanderung auf das Prinz-Luitpold-Haus. Zunächst führt der asphaltierte Fahrweg noch gut 2 Kilometer bergauf bis zum eigentlichen Aufstieg zur Alpenvereinshütte.

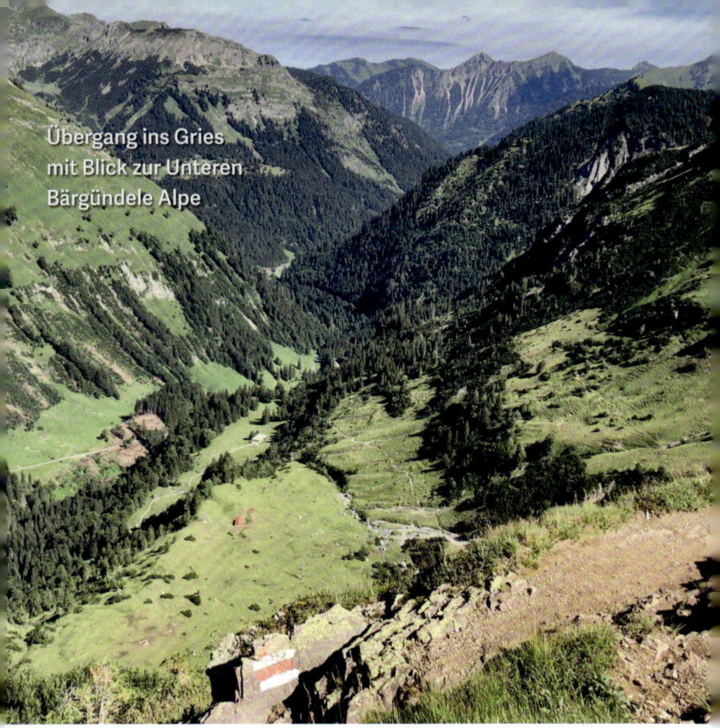

Übergang ins Gries mit Blick zur Unteren Bärgündele Alpe

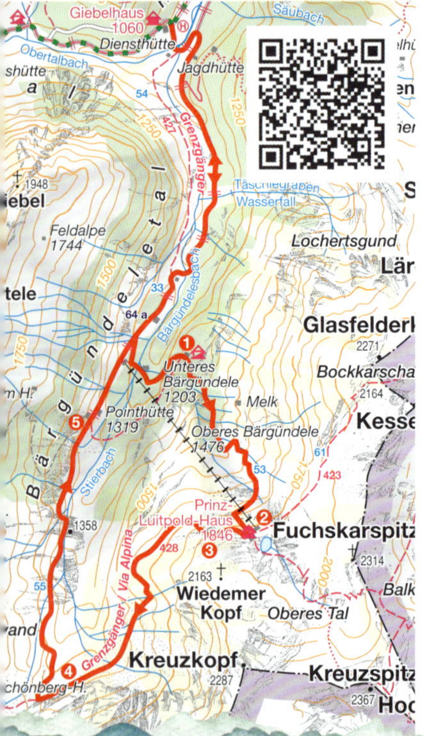

Vorbei an den Wasserfällen des Stierbachs wartet kurz darauf die bewirtschaftete Untere Bärgündele Alpe ❶ mit einem kurzen Zwischenstopp. Zunächst über die sanften Alpweiden, dann in mit Latschen bewachsenen Hängen, kommt das Prinz-Luitpold-Haus schon früh in Sicht. Ab der Alpe sind allerdings zunächst 500 Höhenmeter zu überwinden. Die entschädigen jedoch mit einem herrlichen Blick nach Süden zum Himmeleck und dem Wilden-Massiv.

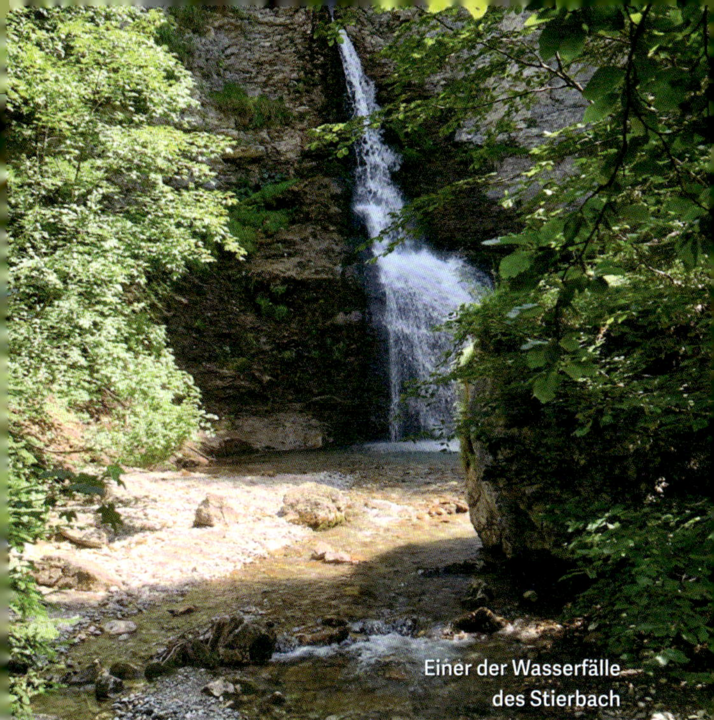
Einer der Wasserfälle des Stierbach

Sofern der Sommer nicht allzu trocken ist, kann man gleich hinter der Schutzhütte des Deutschen Alpenvereins seine Füße in einem kleinen Bergsee kühlen, bevor es auf den Rückweg geht.

Ohne großen Höhenunterschied geht es zunächst über felsiges, dann sandiges Terrain zum Einstieg auf den Wiedemerkopf 3. Dieser felsig schroffe Gipfel bleibt linker Hand liegen. Beim Abstieg ins sogenannte Gries sind immer wieder kleine Bachläufe zu queren. Leichtes Buschwerk und freie Hänge wechseln sich ab.

Bevor der Aufstieg in Richtung Himmelecksattel beginnt, weisen Schilder rechts ab 4 in Richtung Pointhütte 5. Immer noch talwärts zieht sich der felsige Pfad hinunter zur Hütte, die den Beginn des vom Giebelhaus kommenden Fahrwegs markiert. Mit dem Abzweig und der damit verbundenen 180-Grade-Wende, öffnet sich ein völlig neues Bergpanorama. Das macht den Rückweg zu einem abwechslungsreichen Erlebnis.

Über den Fahrweg geht es abschließend zurück zum Ausgangspunkt am Giebelhaus.

WILLERSALPE & WILDFRÄULEINSTEIN

Urige Alpe und wilde Fräulein

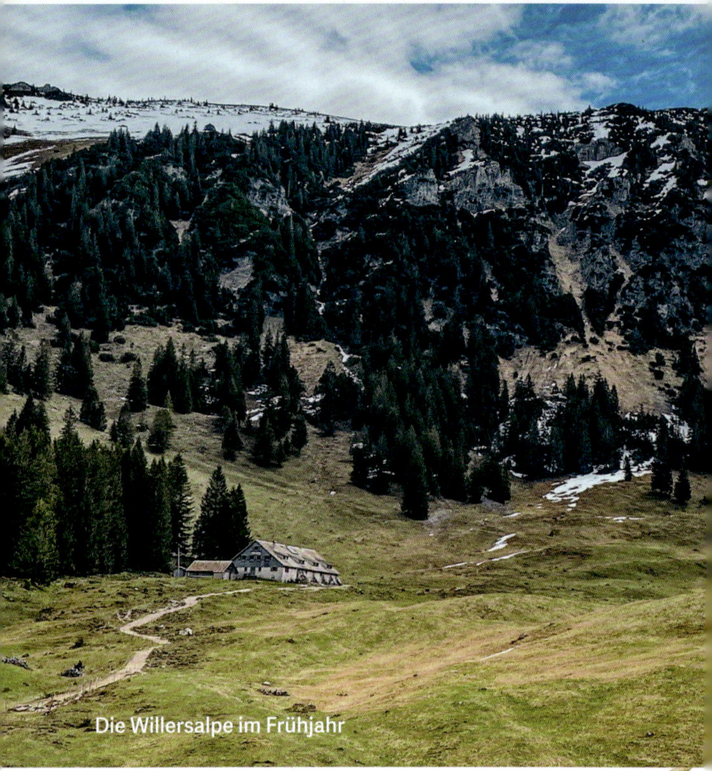

Die Willersalpe im Frühjahr

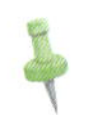

Gebührenpflichtiger Wanderparkplatz „Auf der Höh" am Ortsende von Hinterstein

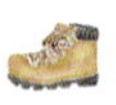

Großteils schmale Berg- und Wiesenpfade, im Abstieg nach Hinterstein sehr steil

Willersalpe; Bergsteiger Hotel Grüner Hut am Dorfplatz

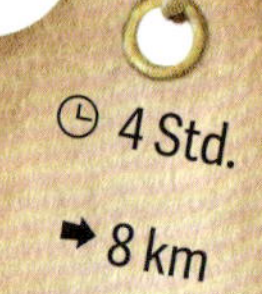

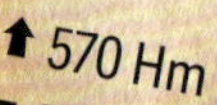

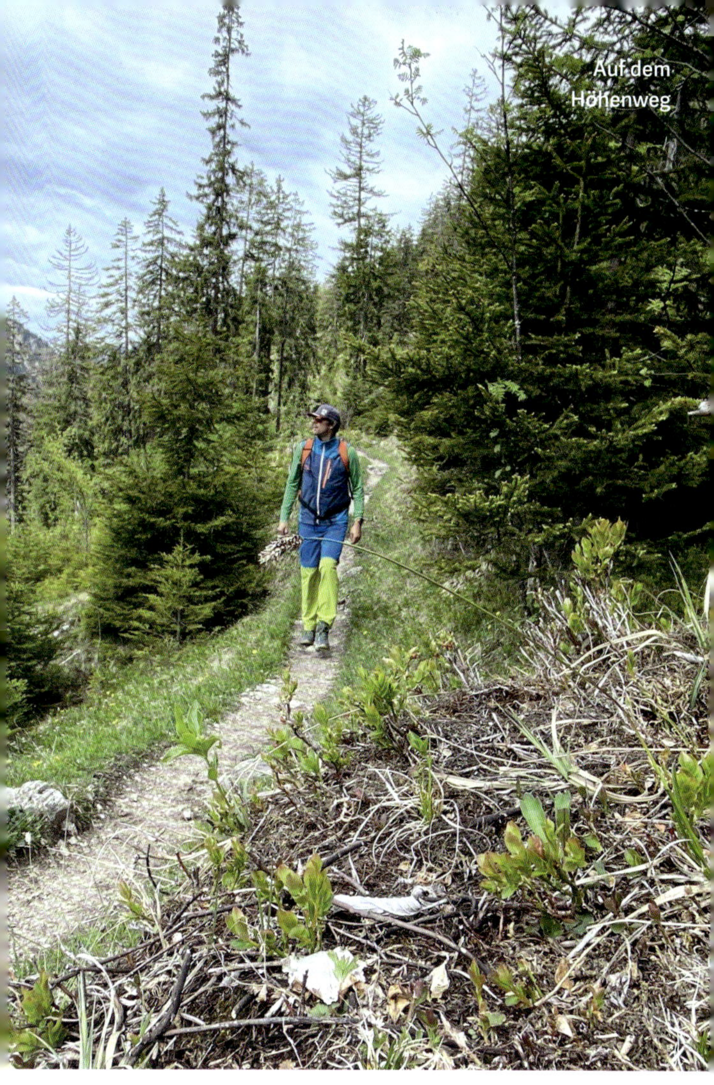

Dort, wo der Talbus ins Giebelhaus (Tour Nummer 11) startet, ist der Ausgangspunkt für diese leichte Wanderung hinauf auf die Willersalpe.

Direkt vom Wanderparkplatz steigt der Weg zunächst über Wiesen und dann durch den Wald nach oben. Auf einen Wiesenpfad folgt ein kurzes Stück befestigter Fahrweg, bevor ein gut sichtbares Schild den Aufstieg zur Willersalpe markiert 1.
Der nun schmale Pfad führt zum Willersbach und nach dessen Querung in vielen

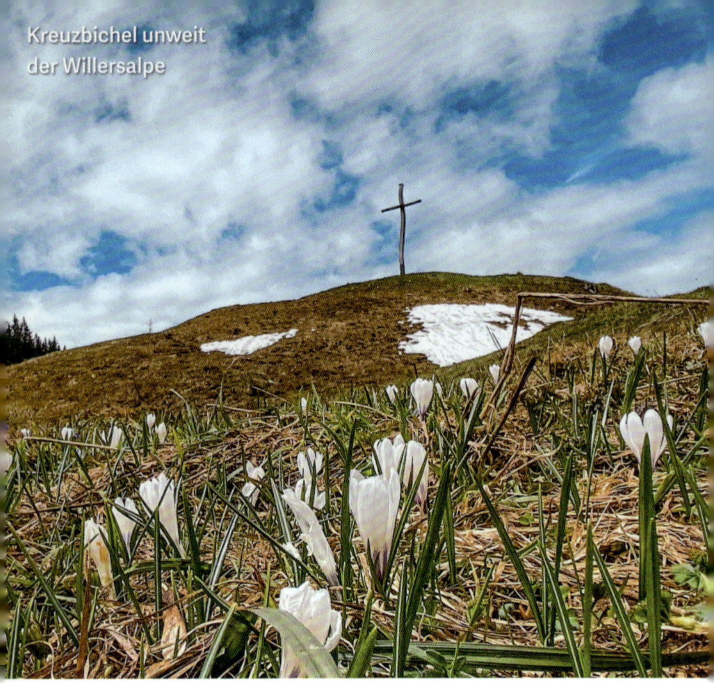

Kreuzbichel unweit der Willersalpe

Serpentinen durch den Nadelwald. Im Rücken wird immer wieder der Blick in Richtung Großer Daumen und Breitenberg frei. Nach einer guten Stunde Fußweg lichtet sich der Wald. Es geht, vorbei am Kreuzbichel **2** hinauf auf die Hochebene der Willersalpe.

Der Rückweg ins Tal führt zunächst auf demselben Weg bis zum Willersbach. Kurz nach der Bachquerung biegt rechts

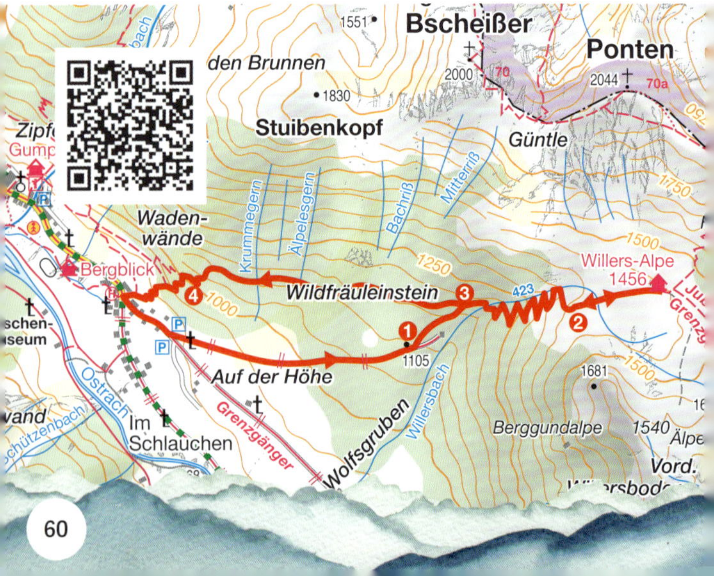

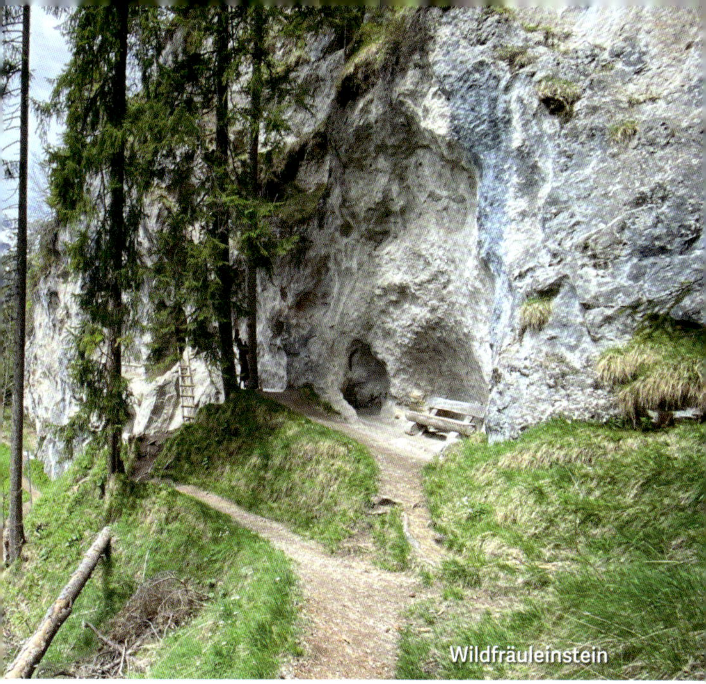

Wildfräuleinstein

ein ebenfalls schmaler Pfad ab 3. Der nun folgende Abschnitt ist sicherlich einer der schönsten Hangwege der gesamten Region.

Zunächst ohne großen Höhenunterschied, dann über ein paar Serpentinen bergab, sind die Höhlen der Wilden Fräulein bald erreicht. Der weitere Wegverlauf führt zunächst ebenfalls ohne großen Höhenunterschied in Richtung Hinterstein. Kurz vor dem Aussichtspunkt Köpfle 4 fällt der Weg wieder in Richtung Talboden.

Über viele kleine Kehren und Serpentinen ist das hintere Dorf und der Ausgangspunkt der Wanderung bald erreicht.

Tipp

Wer die Tour etwas verlängern möchte kann im Abstieg vom Köpfle auch weiter zu den Wasserfällen des Zipfelsbachs wandern 5. Von dort aus geht es ebenfalls nach Hinterstein und entlang der Ortsstraße zurück ins hintere Dorf.

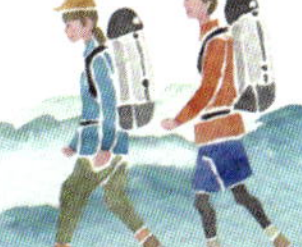

KUTSCHENMUSEUM

Märchenhafte Wanderung entlang der Ostrach

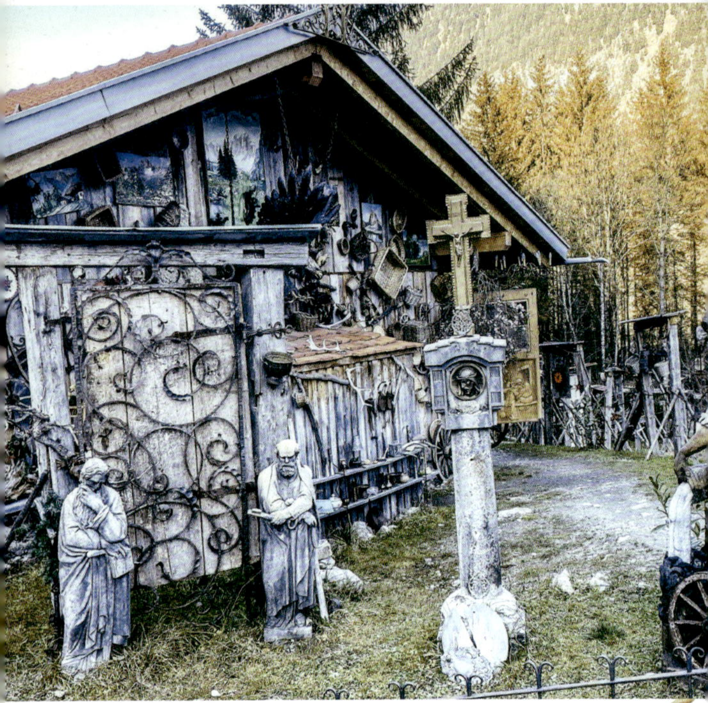

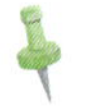

Gebührenpflichtiger Wanderparkplatz an der Talstraße, von Bad Hindelang kommend zwischen Bruck und Hinterstein

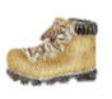

Breite Wirtschaftswege ohne größere Steigungen

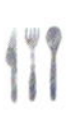

auf dem Weg keine; Bergsteiger Hotel Grüner Hut an der Kapelle Hinterstein Hintersteiner Stuben auf dem Weg Richtung Giebelhaus

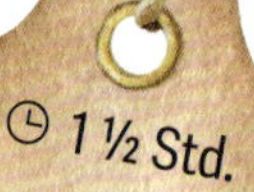

1 ½ Std.
5 km
↑ 50 Hm
↓ 50 Hm

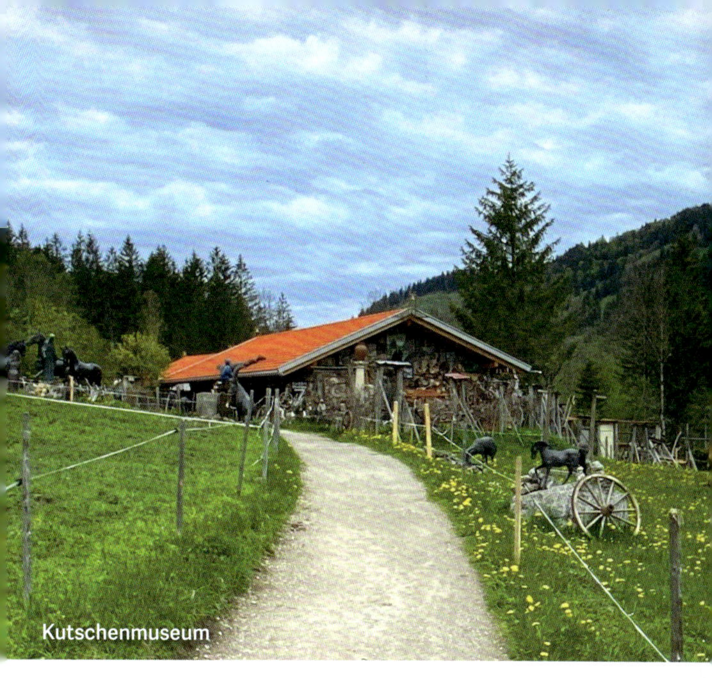
Kutschenmuseum

Der Weg ist einfach und das Ziel etwas ganz Besonderes. Im Kutschenmuseum versinkt man in eine bizarre Märchenwelt.

Wie bei der Wanderung zu den Zipfelsfällen, so beginnt auch dieser Ausflug am gebührenpflichtigen Wanderparkplatz zwischen Bruck und Hinterstein. Auf der gegenüberliegenden Straßenseite startet der Weg.
Der Zustieg ins Retterschwanger Tal und weiter auf den Breitenberg und die Rotspitze beginnt ebenfalls hier. Doch kurz nach Überquerung der Ostrach trennen sich die Wege. Linker Hand geht es in Richtung Kutschenmuseum 1.
Nach ein paar Metern leichtem Auf und Ab geht es über die Ostrach und ein kurzes Stück entlang der Talstraße. Auf Höhe des vorderen Dorfs quert erneut eine Brücke über die Ostrach. Hier beginnt ein herrlicher Wiesenweg in Richtung Kutschenmuseum 2.
Die Tatsache, dass kaum ein Höhenunterschied zu bewältigen ist, macht diese Wanderung für Familien mit Kindern besonders attraktiv. Und dann ist ja noch das Kutschenmuseum, das bereits nach einer guten halben Stunde auftaucht. Beim Gang durch die einzelnen Stadel taucht man in eine märchenhafte Welt ein. Draußen lädt ein Skulpturengarten zum Verweilen ein.

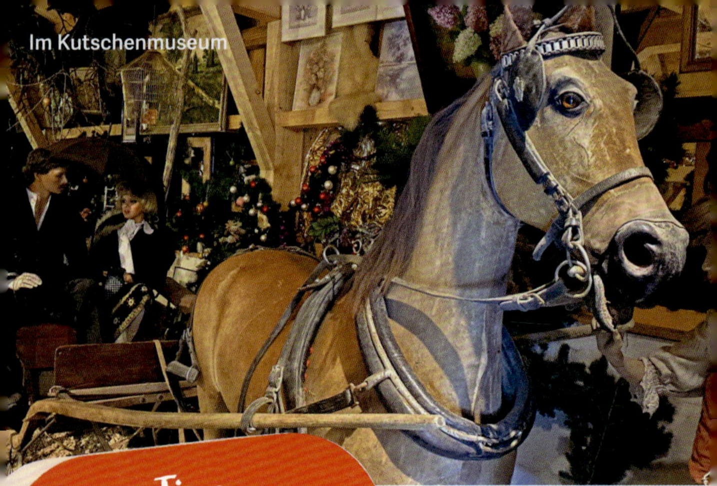

Im Kutschenmuseum

Tipp

Diese Tour lässt auch auch gut mit der Wanderung zu den Zipfelsfällen kombinieren. In diesem Fall wandert man von den Zipfelsfällen kommend zur Ostrach und über das Kutschenmuseum zurück (Tour Nr. 8).

Für den Rückweg wandert man noch ein Stück ins Tal hinein. Kurz vor dem mächtigen Felssturzgebiet des Breitenberg, ein beliebtes Ziel für Freunde des Boulderns, führt abermals eine Brücke über die Ostrach 3. Auf der gegenüberliegenden Seite geht es zurück zum Wanderparkplatz.

Der einfache Zugang zum Kutschenmusuem macht diese Wanderung zu einer beliebten Ganzjahresunternehmung.

Linktipp: Informationen zu den Öffnungszeiten gibt es auf *www.hinterstein.de*

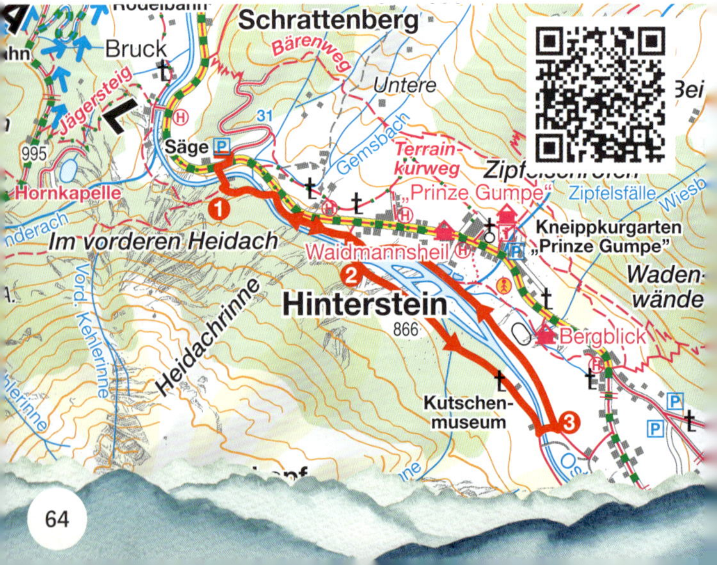

SCHRECKSEE

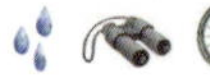

Ein schützenswerter Ort in den Allgäuer Hochalpen

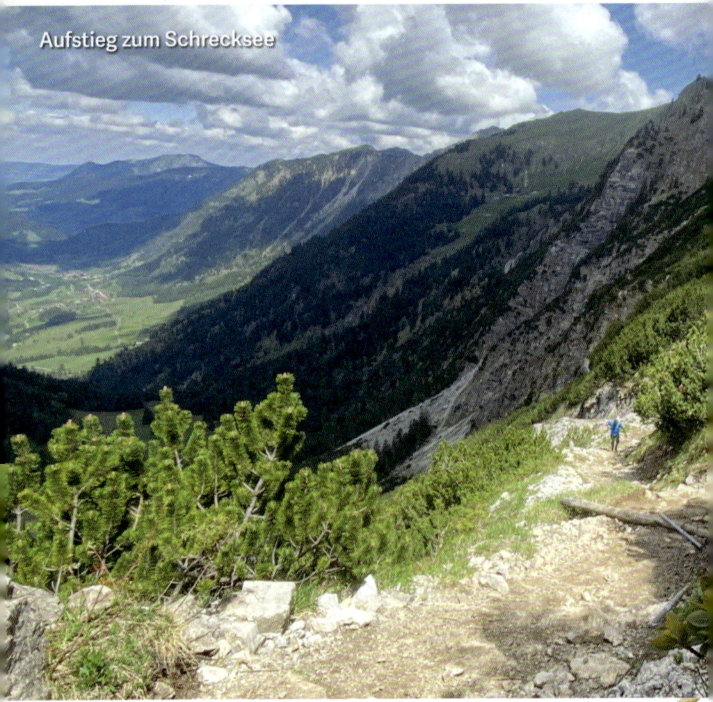

Aufstieg zum Schrecksee

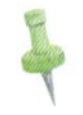

Gebührenpflichtiger Wanderparkplatz „Auf der Höh“ am Ortsende von Hinterstein

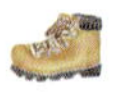

Bis zum E-Werk breite, asphaltierte Wege, anschließend schmale und steile Bergpfade

Haus der Konstanzer Jäger

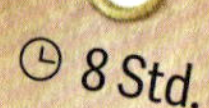

8 Std.

15,5 km

1020 Hm

1020 Hm

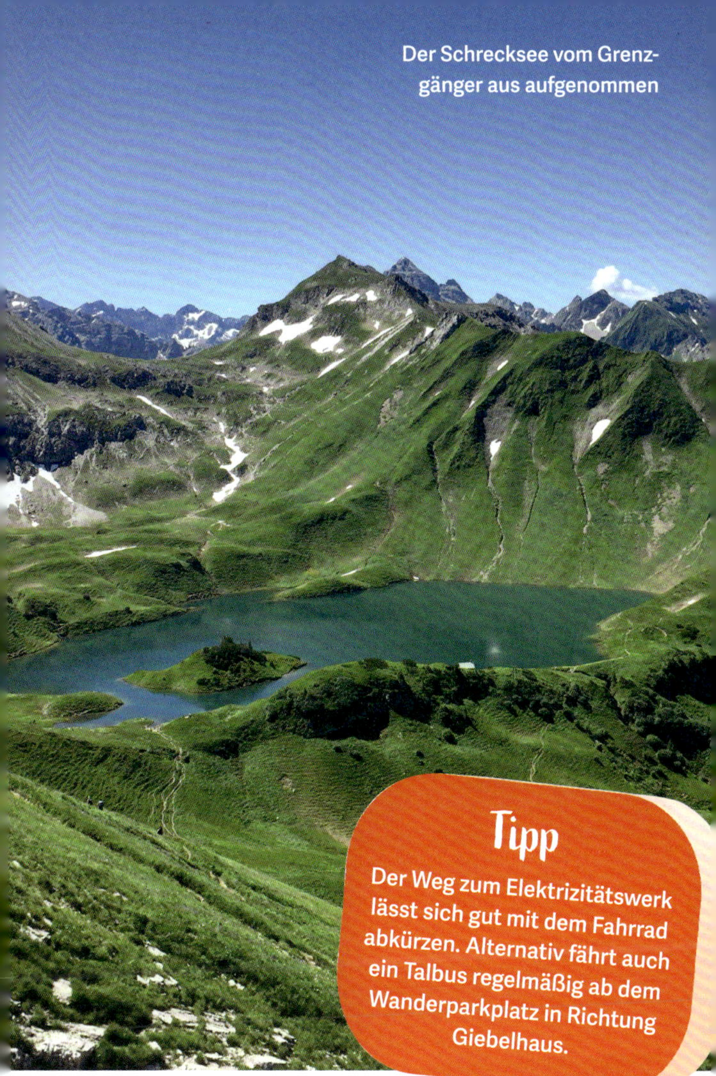

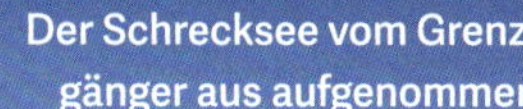

Der Schrecksee vom Grenzgänger aus aufgenommen

Tipp

Der Weg zum Elektrizitätswerk lässt sich gut mit dem Fahrrad abkürzen. Alternativ fährt auch ein Talbus regelmäßig ab dem Wanderparkplatz in Richtung Giebelhaus.

Der Schrecksee liegt im Naturschutzgebiet der Allgäuer Hochalpen. Wenngleich der Bergsee ein beliebtes Ziel ist, sollte man den Aufstieg keinesfalls unterschätzen.

Ausgangspunkt ist der gebührenpflichtige Wanderparkplatz „Auf der Höh" in Hinterstein. Über einen Wiesenweg geht es zunächst parallel zur Fahrstraße in Richtung Giebelhaus. Beide Wege treffen sich kurz vor einem Waldstück **1**. Bis zum eigentlichen Aufstieg führt die Strecke entlang der für den öffentlichen Verkehr gesperrten Talstraße.

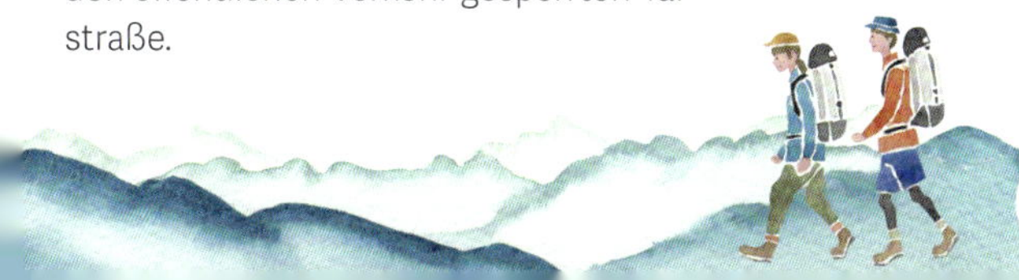

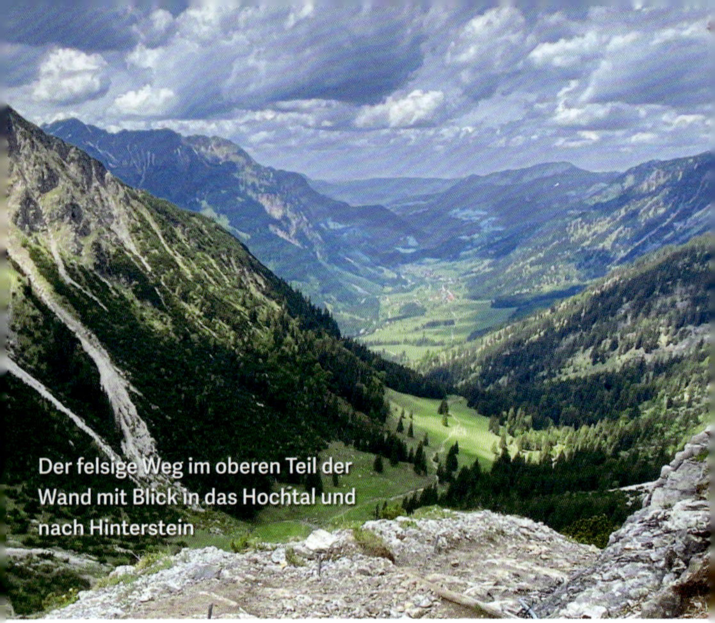

Der felsige Weg im oberen Teil der Wand mit Blick in das Hochtal und nach Hinterstein

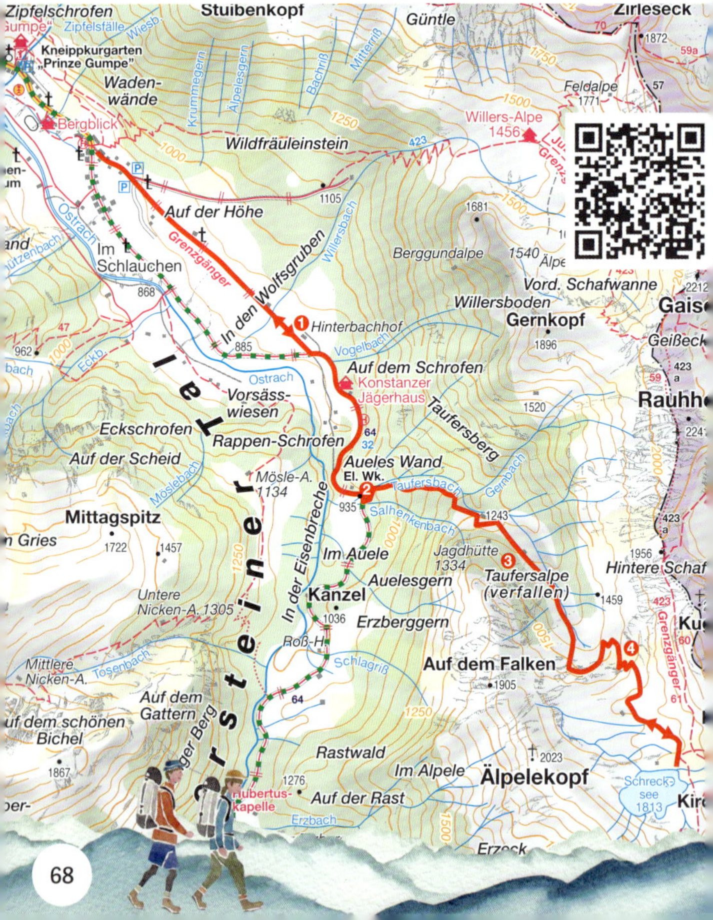

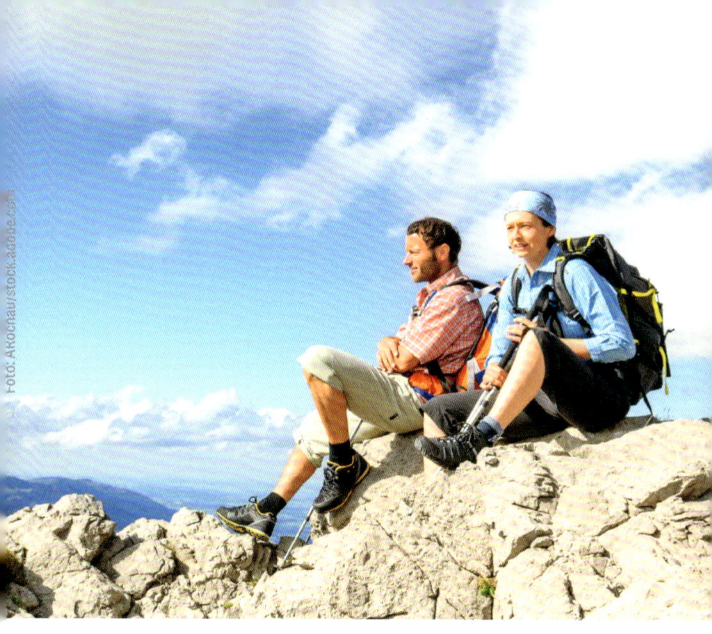
Foto: Akocnau/stock.adobe.com

Vorbei am Haus der Konstanzer Jäger ist schließlich das Elektrizitätswerk 2 erreicht. Hier wird die Energie des Wassers vom Schrecksee in Strom umgewandelt.
Steil geht es durch den Wald nach oben. Nach zahlreichen Kehren taucht auf der linken Seite ein kleiner künstlicher Speicherteich auf. Ein paar Höhenmeter später öffnet sich das Gelände und der weitere Weg zieht sich durch ein herrliches Hochtal 3 bis zur großen Wand, durch die der Aufstiegsweg führt.
In einem weiten Bogen steigt der Weg zunächst mäßig, später steiler an. Der schottrige Untergrund geht mehr und mehr in felsiges Terrain über 4. Im oberen Bereich des Weges sind vereinzelte Eisentritte in den Fels geschlagen. Der Weg ist nie wirklich ausgesetzt, allerdings sollte man trittsicher sein. Bei Nässe oder gar bei eisigen Bedingungen ist von einem Aufstieg abzuraten. Der Weg auf den Schrecksee ist daher im Winter auch gesperrt.
Nach der Wand folgt ein Auf und Ab durch ein mit Latschen bewachsenes Gebiet, bevor sich der Schrecksee nahezu unverhofft mit seiner markanten Insel in den Blick schiebt.
Der Schrecksee liegt im Naturschutzgebiet der Allgäuer Hochalpen, einem der artenreichsten Gebirge Deutschlands. Nicht zuletzt deshalb sollte man die Natur Natur sein lassen, sich respektvoll verhalten, und den wunderschönen Ausblick mit den Augen genießen.
Der Rückweg nach Hinterstein erfolgt auf demselben Weg wie der Aufstieg.

HORNBACHJOCH

 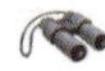

Einsame Wege und weite Ausblicke

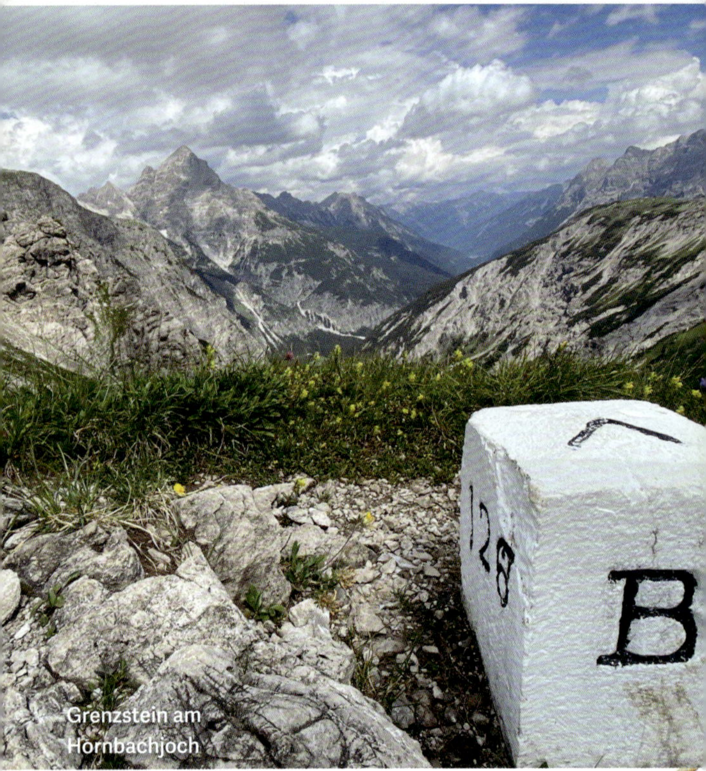

Grenzstein am Hornbachjoch

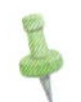 Parkplatz unterhalb der Kirche von Hinterhornbach

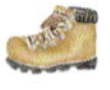 Fast durchweg schmale Bergpfade, im Aufstieg zum Kanzberg und Abstieg vom Hornbachjoch sehr steil

 Gasthof Adler

7 ½ Std.
16,5 km
↑ 1080 Hm
↓ 1080 Hm

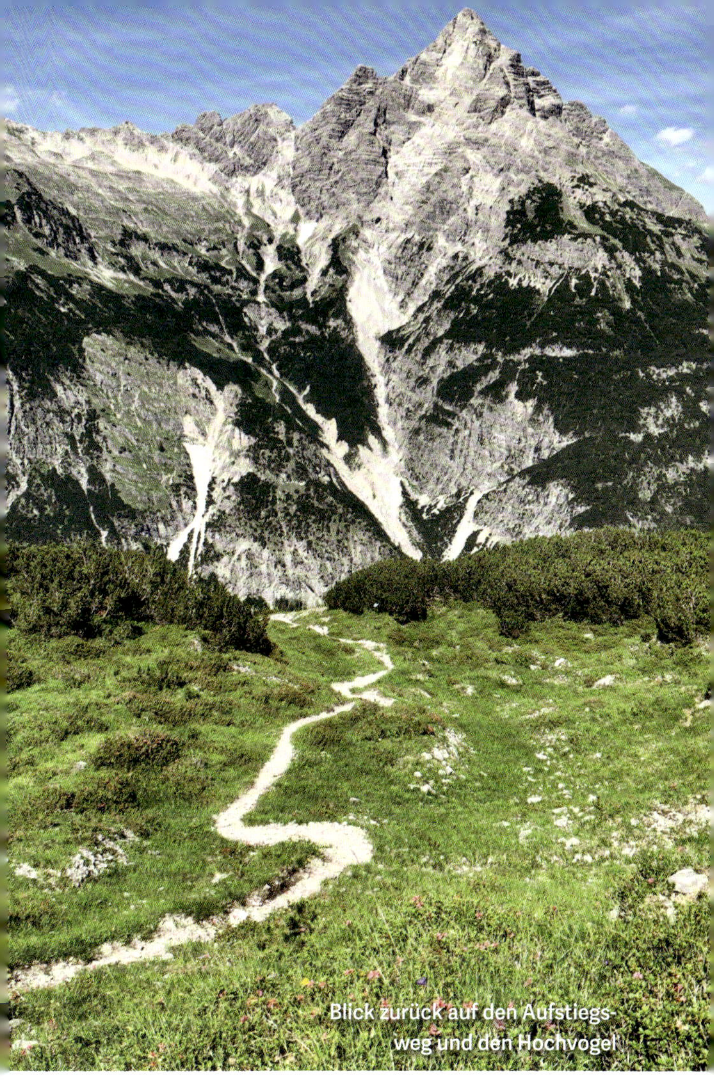

Blick zurück auf den Aufstiegsweg und den Hochvogel

Die Bergtour auf das Hornbachjoch gehört zu den unbekannteren Touren zwischen Allgäu und Tirol. Wer Ruhe, ursprünglichen Naturgenuss und Erholung sucht, der findet sie in Hinterhornbach. Das 94-Seelen-Dorf in Tirol zählt zu den kleinsten Orten des Landes und ist Ausgangspunkt der Bergtour auf das Hornbachjoch.

Etwas unterhalb der Kirche befindet sich ein kleiner Parkplatz. Die ersten Meter führen noch auf der Talstraße nach Westen in Richtung Pretterhof. Dort beginnt der Weg über die Almwiesen

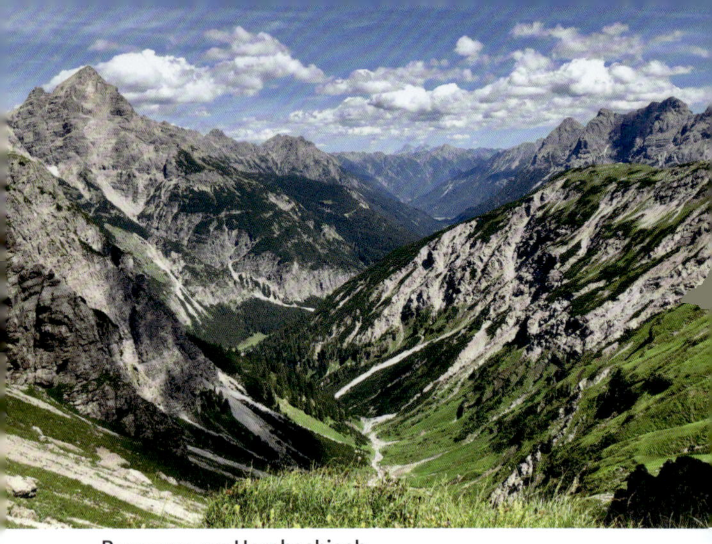

Panorama am Hornbachjoch

zu steigen und taucht bald schon in den Wald ein. Es geht in Richtung Jochbachtal. Noch bevor sich das Tal weitet, steigt linker Hand ein schmaler Pfad hinauf in Richtung Kanzberg ❶.

Über die steilen Kehren gewinnt man schnell an Höhe und erreicht schließlich die mit Latschen bewachsenen Hänge des Kanzbergs. Der Gipfel selbst ist kaum zu erkennen. Er gleicht mehr einer sanften Hügellandschaft. Umso spannender sind die Ausblicke in Richtung der Hornbachkette oder zum Hochvogel, der sich während des Aufstiegs immer weiter in die Höhe schiebt.

Über den ausgedehnten Rücken geht es an einer Biwakschachtel ❷ vorbei in Richtung Hornbachjoch. Der Weg

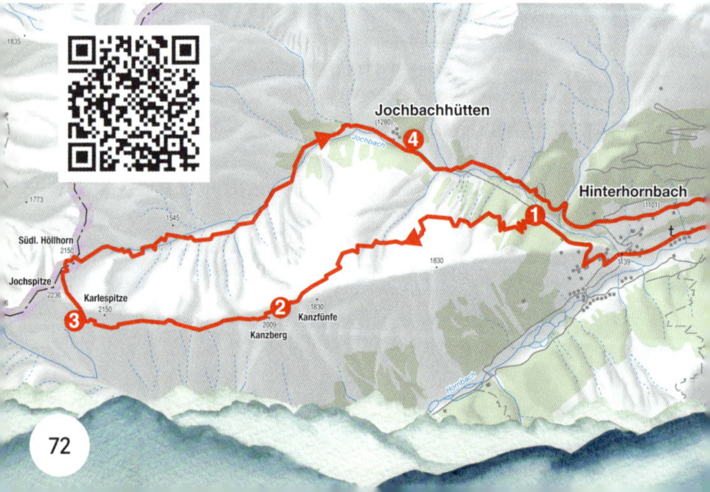

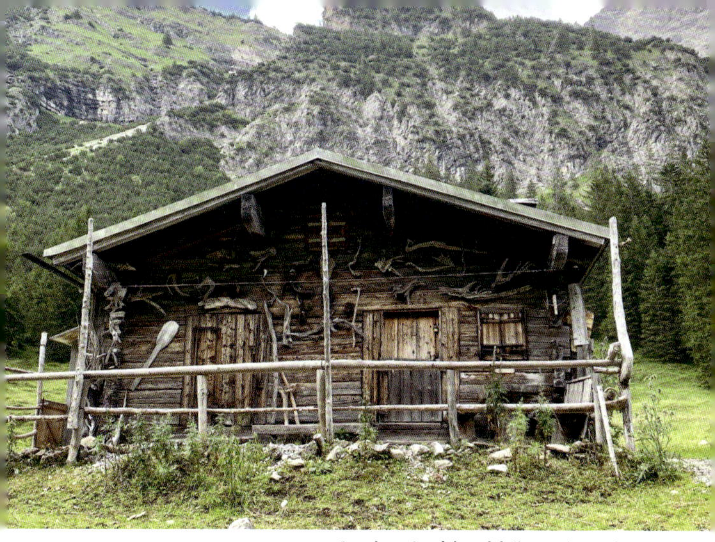

An den Jochbachhütten im Tal

Tipp

Unterwegs gibt es keine Einkehrmöglichkeit, weshalb man genügend Wasser im Rücksack haben sollte.

zieht nun ein kurzes Stück über ein Schotterfeld am steil in Richtung Hornbachtal abfallenden Hang entlang. Dann steigt er steil über felsiges Gelände hinauf zum höchsten Punkt der Tour. In einer guten halben Stunde könnte man die Jochspitze 3 noch in die Tour einbinden.

Das Hornbachjoch selbst liegt ein paar Höhenmeter tiefer. In der Querung zum Joch ist auf dem schottrigen Gelände Trittsicherheit gefragt. Schließlich ist der Grenzstein zwischen Österreich und Deutschland erreicht und der Abstiegsweg ins Jochbachtal steht an.

Ebenso steil wie der erste Teil des Aufstiegs geht es mit Blick auf den Hochvogel 500 Höhenmeter hinunter in das einsame, weite Tal. Die folgenden 500 Höhenmeter verteilen sich spürbar sanfter auf die restliche Wegstrecke aus den Jochbachtal hinaus nach Hinterhornbach. Hinter dem Jochbachhütten 4 taucht der schmale Pfad bis kurz vor Hinterhornbach nochmals in den Wald ein, bevor er breiter wird. Der letzte Teil des Wegs führt oberhalb der Talstraße entlang. Ein letzter kurzer Abstieg endet direkt am Gasthof Adler, unweit des Parkplatzes.

ISELER

 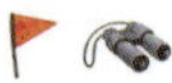

Panorama-Loge über dem Ostrachtal

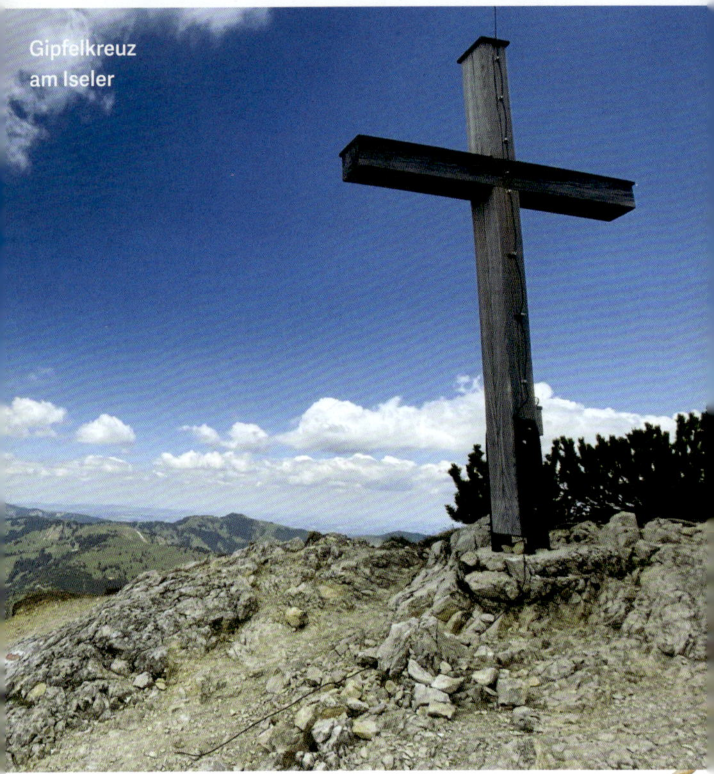

Gipfelkreuz am Iseler

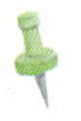

Gebührenpflichtiger Parkplatz an der Talstation der Iselerbahn bei Oberjoch, Verbindungsstraße in Richtung Reutte/Tirol

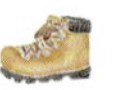

Schmale, steile, teils felsige Bergpfade

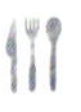

Moorhütte Oberjoch, am Parkplatz gegenüber der Iselerbahn
Meckatzer Sportalm an der Talstation

2 Std.
3 km
↑ 240 Hm
↓ 240 Hm

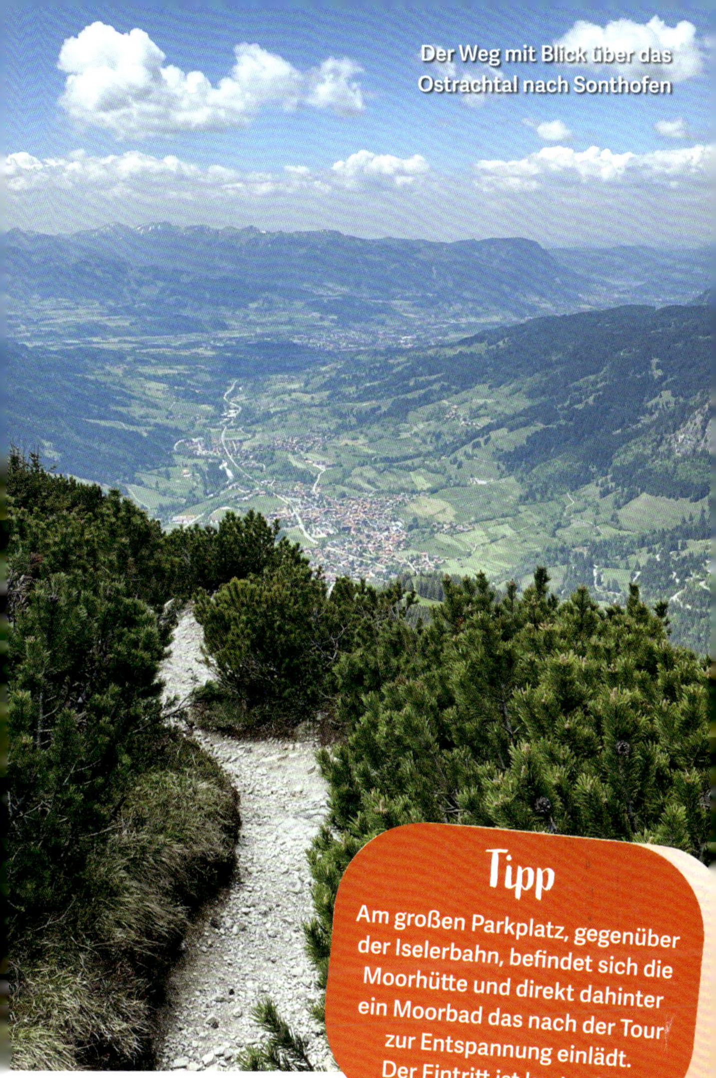

Der Weg mit Blick über das Ostrachtal nach Sonthofen

Tipp

Am großen Parkplatz, gegenüber der Iselerbahn, befindet sich die Moorhütte und direkt dahinter ein Moorbad das nach der Tour zur Entspannung einlädt. Der Eintritt ist kostenfrei.

Kurze Bergtour auf den Aussichtsgipfel des Iseler mit herrlichem Blick über das Ostrachtal und ins Tannheimer Tal. Nimmt man die Bergbahn als Unterstützung zur Hilfe, so erreicht man den Panoramaausblick auf dem Iseler in einer guten Stunde Gehzeit. Im Auf- und Abstieg kann man natürlich auch die Strecke zwischen Talstation und Bergstation der Iselerbahn zu Fuß bewältigen.

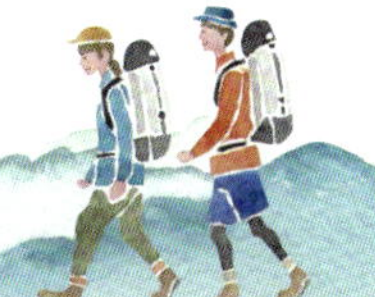

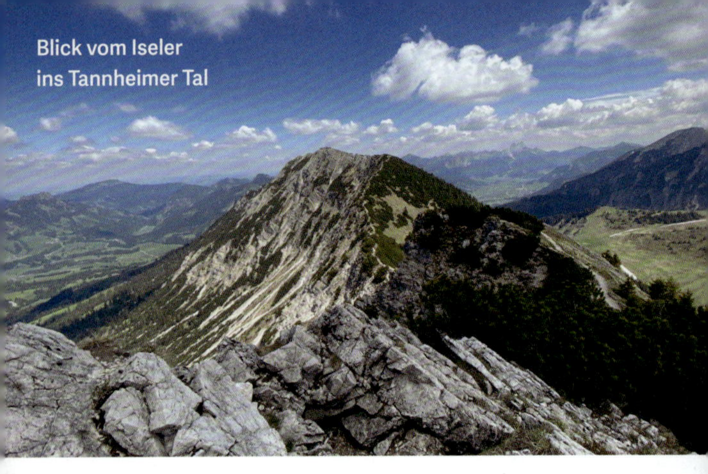
Blick vom Iseler ins Tannheimer Tal

Von der Bergstation geht es in direkter Linie zum Gipfel. In zahlreichen Kehren bahnt sich der felsige und grobschottrige Pfad seinen Weg durch ein großes Latschenfeld, das bis zum Ziel den gesamten Gipfelaufbau des Iseler bedeckt.
Unterwegs zweigt linker Hand der Einstieg zum Edelrid-Klettersteig ab. Dieser führt deutlich ausgesetzter bis zum Gipfel des Iseler und in weiteren Etappen auch in Richtung Wannenjoch.
Während des Aufstiegs hat man immer einen herrlichen Blick über Oberjoch und gegenüber auf Ornach und Jochschrofen. Auf etwa 1 800 Metern Höhe ist der Bergrücken 2 erreicht und die Aussicht ins Ostrachtal und weiter nach Sonthofen und das Illertal breitet sich aus.
Nun sind es nur noch wenige felsige Stufen bis hinauf zum Gipfelkreuz. Der Rückweg erfolgt identisch zum Aufstiegsweg bis zur Bergstation der Iselerbahn.
Hinweis: Ein alternativer Aufstieg 3 ohne Bergbahn zum Iseler verläuft über die Zipfelsalpe (Tour Nummer 8).

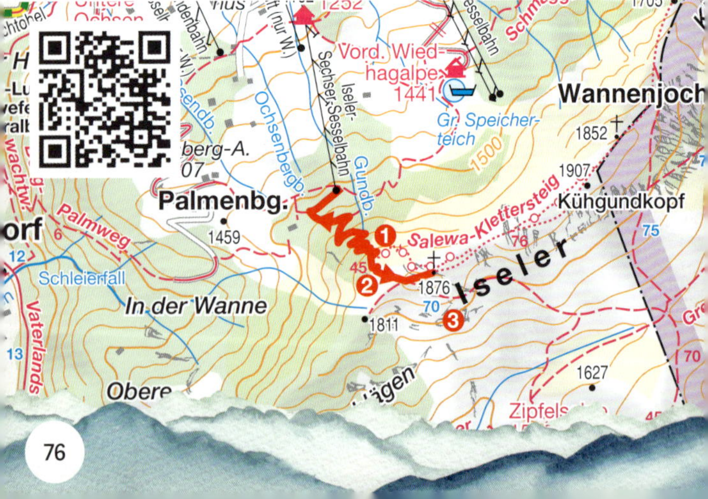

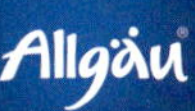

Willkommen zur Wandertrilogie Allgäu.

Im Dreiklang mit der Natur.

wandertrilogie.allgaeu.de

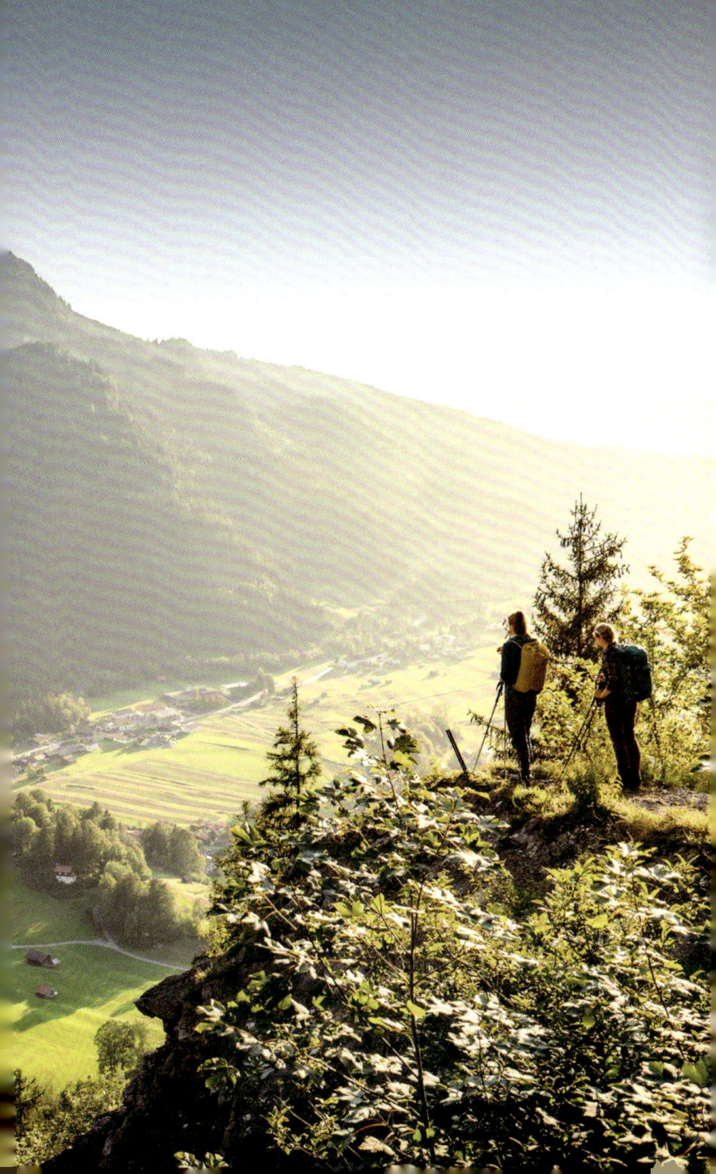

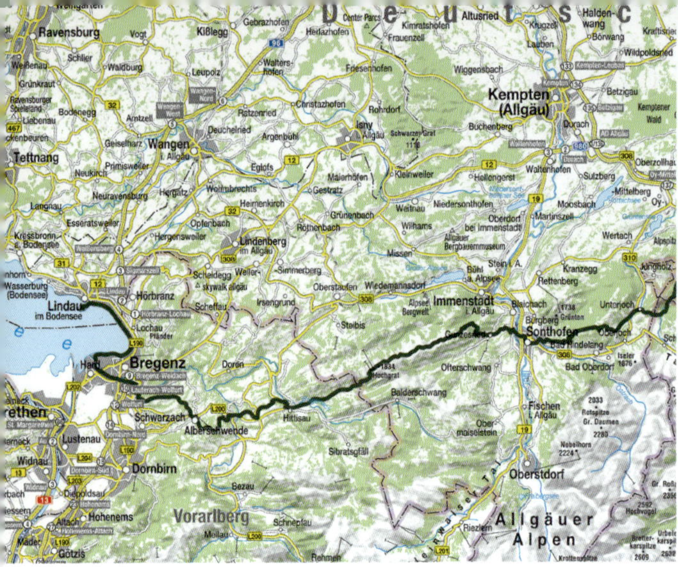

MAXIMILIANSWEG

Die 359 Kilometer des Maximilanswegs verlaufen nahezu identisch zum bereits erwähnten Europäischen Fernwanderweg E4. Von Lindau geht es auf 22 Tagesetappen über Füssen und den Walchensee bis nach Berchtesgaden.

Vom Bodensee kommend, durchquert auch er somit das Allgäu auf Höhe Sonthofen von West nach Ost. Die Namensgebung führt auf eine Reise Maxilimians II. von Bayern zurück. Dieser unternahm im Sommer 1858 eine 5 Wochen dauernde Reise von Lindau bis nach Berchtesgaden.

Mehr Informationen: *www.maximiliansweg.de*

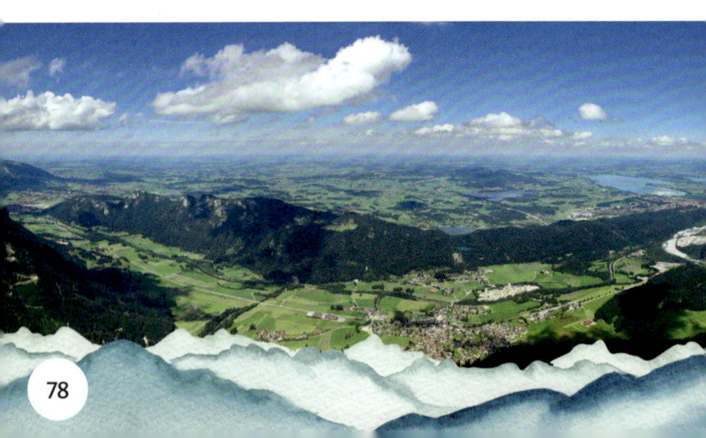

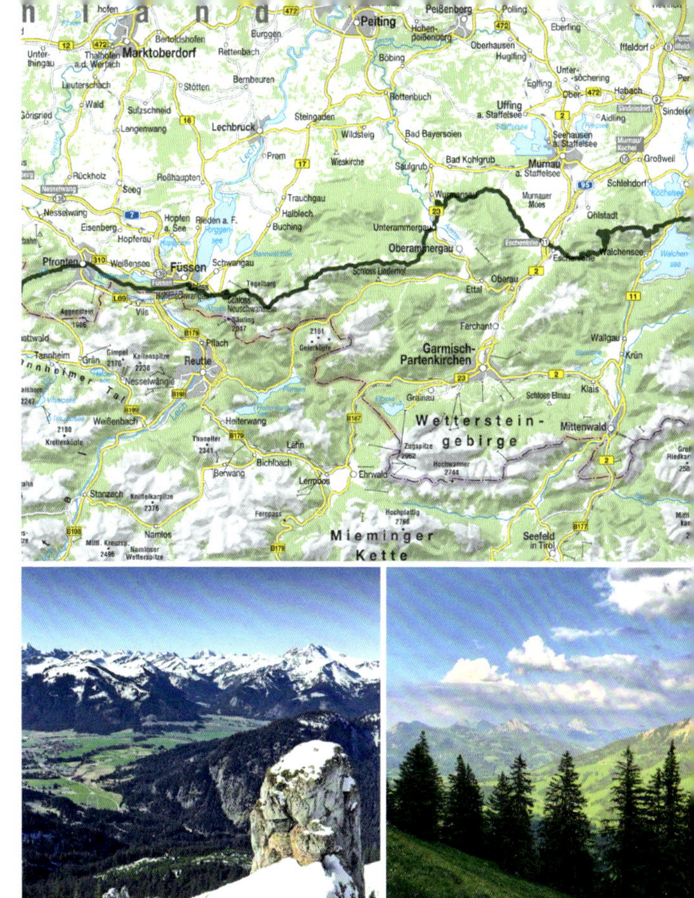

Touren entlang des Maximiliansweg

AGGENSTEIN

Grandioser Aussichtsberg zwischen Pfronten und Grän

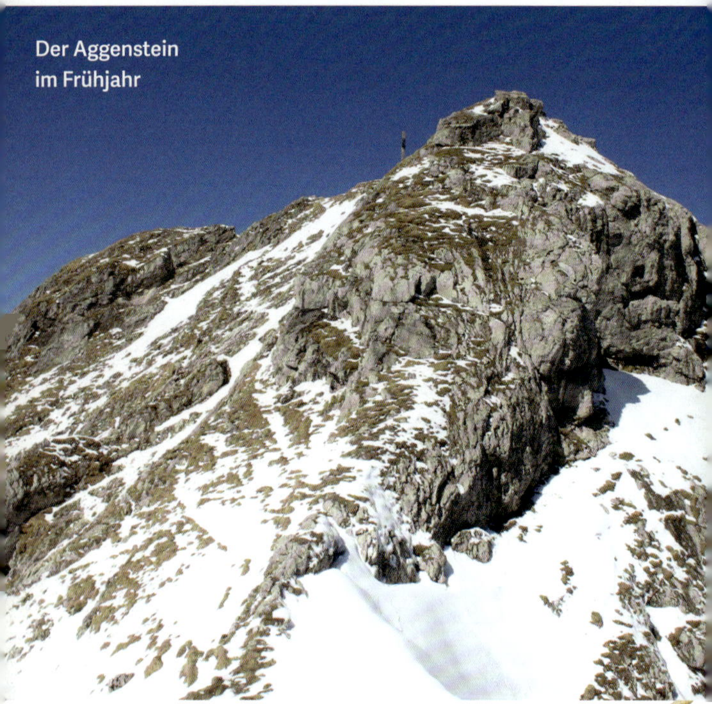

Der Aggenstein im Frühjahr

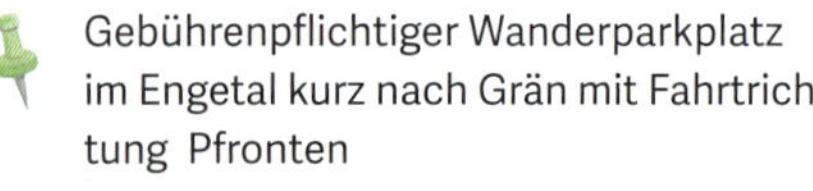

Gebührenpflichtiger Wanderparkplatz im Engetal kurz nach Grän mit Fahrtrichtung Pfronten

Zu Beginn mäßig steile Schotter- und Wirtschaftswege, steiler werdende Waldpfade in Richtung Bad Kissinger Hütte, im Gipfelbereich felsig, steil und teils drahtversichert

Bad Kissinger Hütte, Grän

5 ½ Std.

8,5 km

↑ 730 Hm

↓ 730 Hm

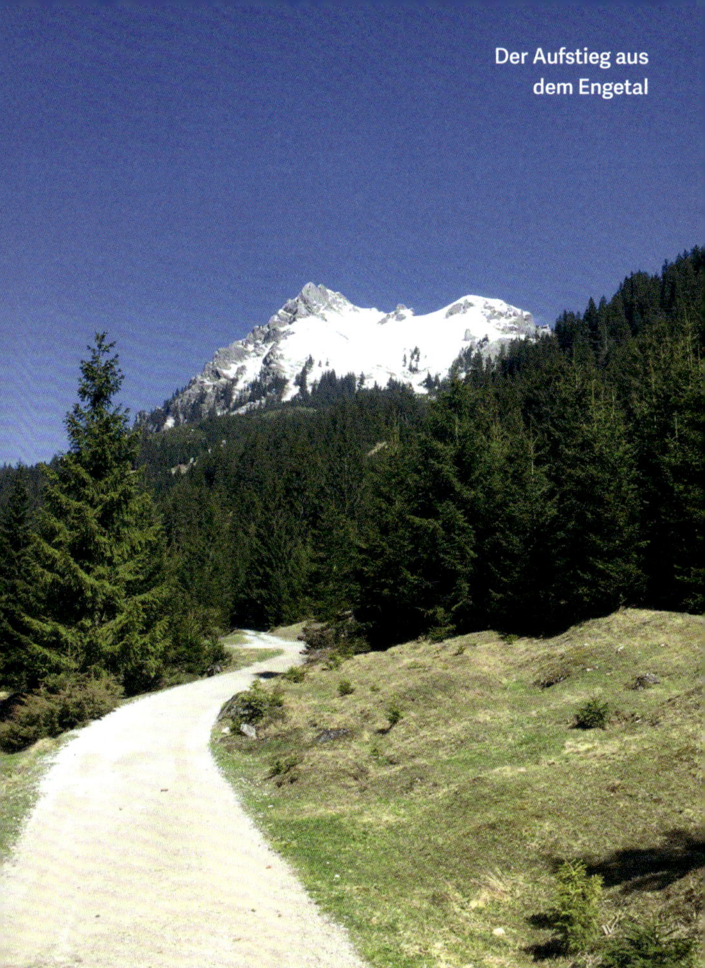

Der Aufstieg aus dem Engetal

Bei günstiger Witterung ist die Bergtour durch den Südhang auf den Aggenstein bereits früh im Jahr und bis spät in den Herbst hinein möglich.

Grän im Tannheimer Tal ist Ausgangspunkt zu dieser anspruchsvollen und aussichtsreichen Bergtour auf den 1 985 m hohen Aggenstein. Von Grän kommend, im Beginn zum Engetal, befindet sich der Wanderparkplatz. Über einen breiten Wirtschaftsweg geht es zunächst gemütlich, später immer steiler hinauf. Zwei, drei der weiten

Aggenstein-Panorama

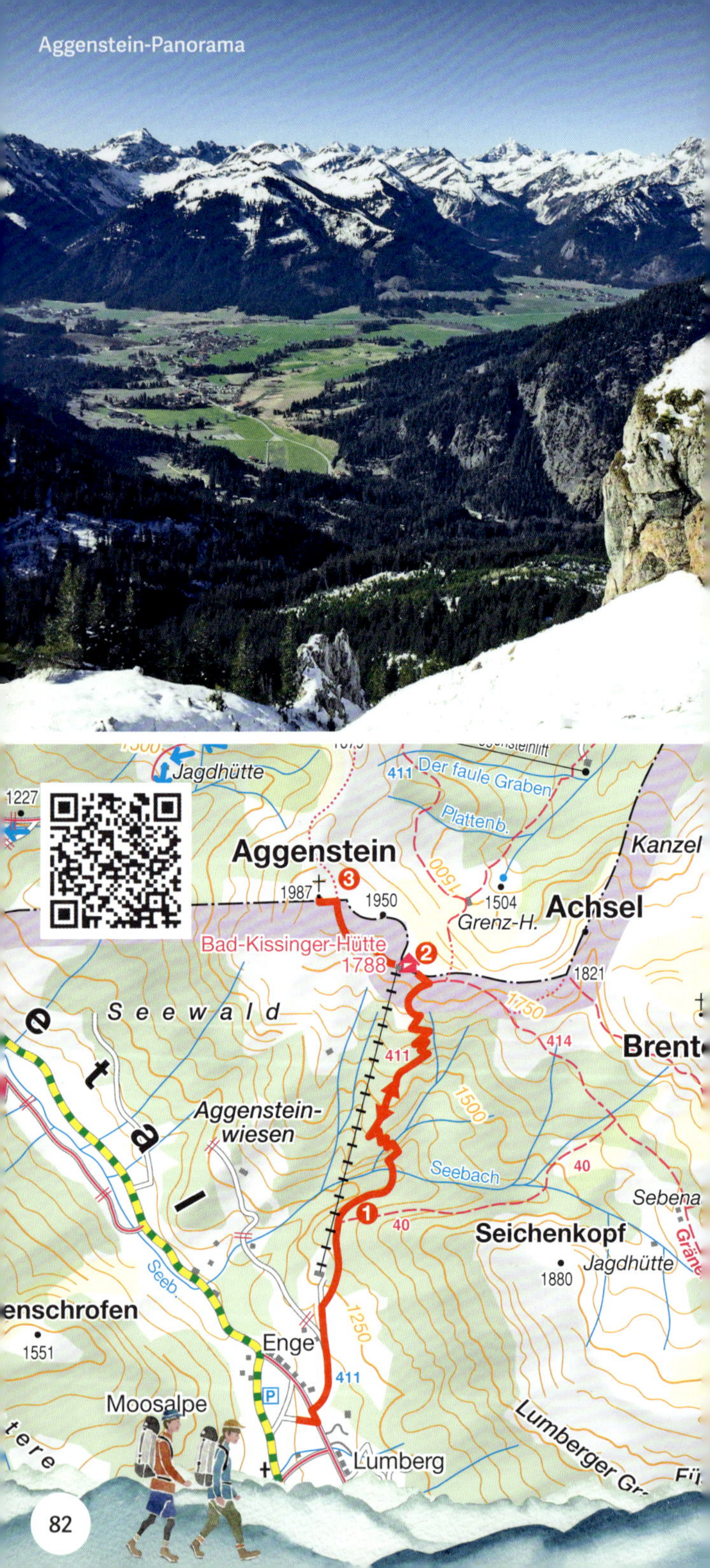

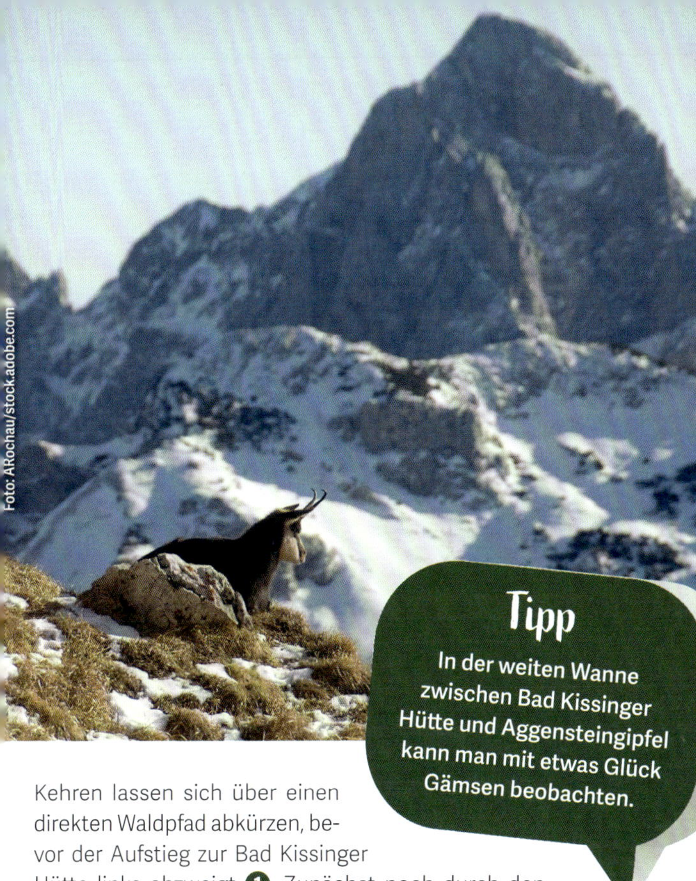

Tipp

In der weiten Wanne zwischen Bad Kissinger Hütte und Aggensteingipfel kann man mit etwas Glück Gämsen beobachten.

Kehren lassen sich über einen direkten Waldpfad abkürzen, bevor der Aufstieg zur Bad Kissinger Hütte links abzweigt ❶. Zunächst noch durch den dichten Bergwald, führt der nun durchweg schmale Pfad immer weiter nach oben bis zur Bad Kissinger Hütte ❷. Die Schutzhütte des Deutschen Alpenvereins liegt auf einem Panoramabalkon mit Blick über Grän ins Tannheimer Tal.
Kurz hinter der Hütte zieht sich der Aufstiegsweg über eine weite Graswanne nach oben bis zum finalen Aufstieg auf den Aggenstein. Auf der Schulter, kurz unter dem Gipfelaufbau, stößt der von der Pfrontener Breitenbergbahn kommende Weg dazu. Dieser alternative Aufstieg wäre mit Unterstützung der Bergbahn deutlich kürzer ❸. Der anspruchsvolle Schlussabschnitt muss jedoch auf beiden Varianten bezwungen werden.
Einige Drahtseile helfen in dem kurzen und von nun an durchweg felsigen Aufstieg. Die Mühe wird mit einem einmaligen schönen Panoramablick über das Tannheimer Tal, das Engetal und in Richtung Ostallgäu belohnt.
Der Rückweg zurück zum Ausgangspunkt erfolgt auf demselben Weg wie der Aufstieg.

VILSER KEGEL

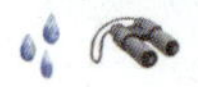

Wenig begangener Aussichtsgipfel im Ostallgäu

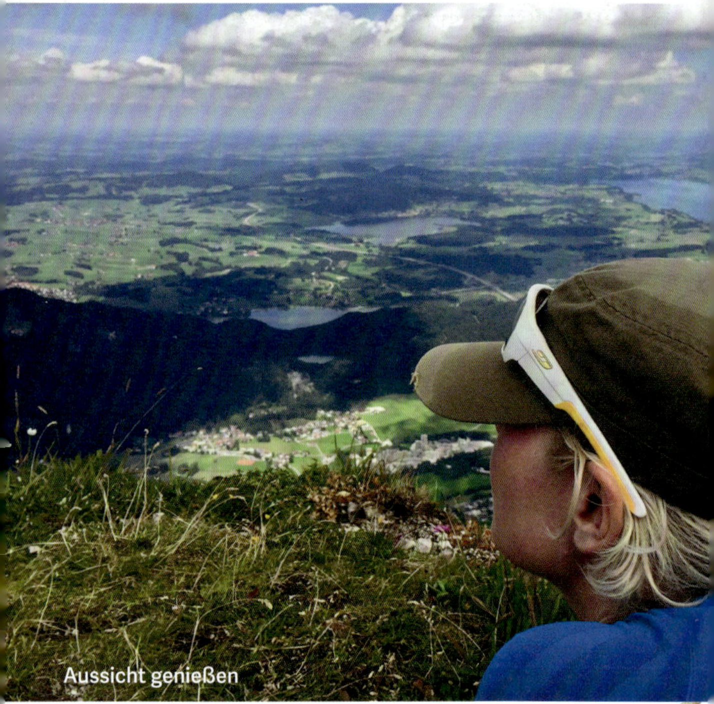

Aussicht genießen

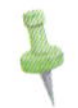

Wanderparkplatz am Eisplatz, unterhalb der Konradshütte bei Vils

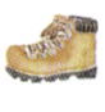

Zu Beginn und am Ende breite Schotter- und Wirtschaftswege mit mäßiger Steigung, sonst meist schmale Wald- und Wiesenpfade zum Hundsarschjoch, dort teils felsiger Aufstieg über den Hangweg zu Gipfel

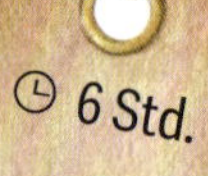

6 Std.

13 km

↑ 890 Hm

↓ 890 Hm

Vilser Alpe

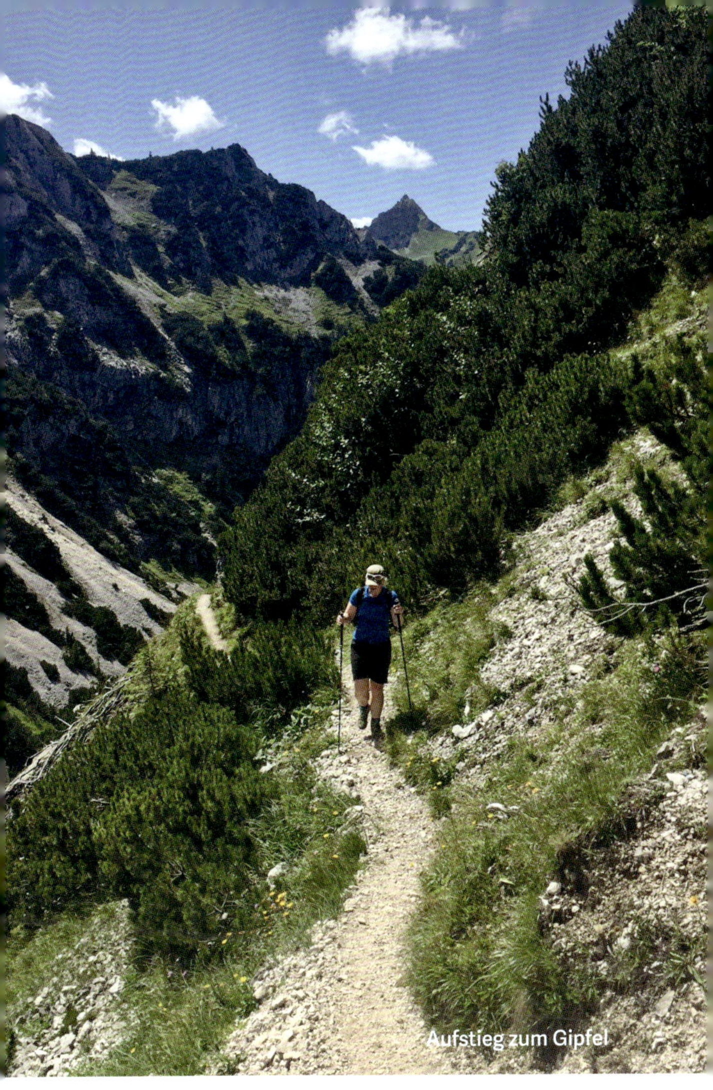
Aufstieg zum Gipfel

Die Rundtour beginnt und endet im österreichischen Vils.

Im Uhrzeigersinn geht es um den wunderschönen Aussichtsberg herum. Unterhalb der Konradshütte bei Vils befindet sich der Wanderparkplatz am Eisplatz. Von hier geht es entlang einer kleinen Liftanlage über die Wiesen nach oben. Zunächst führt ein gut ausgeschildeter Wirtschaftsweg entlang der Skipiste nach oben.
Kurz nach einem Bachbett beginnt ein wunderschöner Waldpfad ❶. In zahlreichen Serpentinen schlängelt sich dieser über Wurzeln

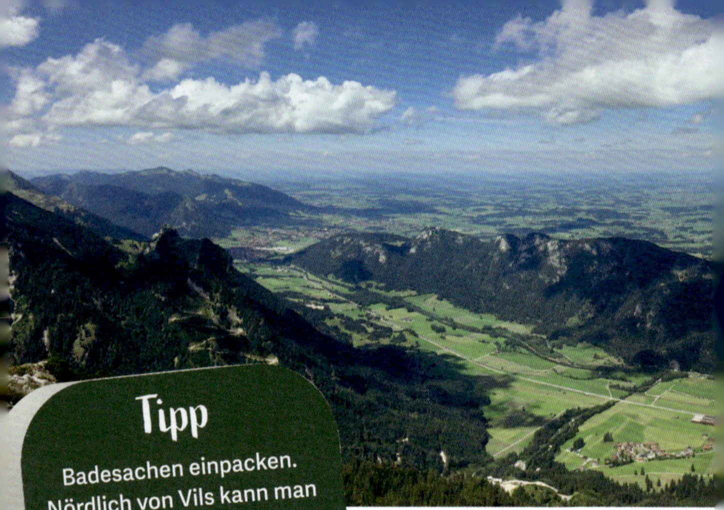

Tipp

Badesachen einpacken. Nördlich von Vils kann man im Anschluss an diese Tour ein erfrischendes Bad im Alatsee nehmen.

und Steine dem Hundsarschjoch entgegen. Sobald sich der Wald lichtet, rücken die Wände der Großen Schlicke und des Karret in den Blick.

Das Hundsarschjoch ❷ markiert den Übergang hinunter zur Vilser Alpe, dem späteren Ziel dieser Tour. Zunächst geht es jedoch rechts ab zum Gipfel des Vilser Kegel. Teils hohe Tritte führen auf den mit Latschen bewachsenen Rücken. Im weiteren Verlauf geht es am östlichen Hang des Kegels stetig nach oben.
Schließlich ist der breite Gipfelaufbau erreicht. Von hier breitet sich das gesamte Panorama des Ostallgäu aus. Hopfensee, Forggensee und Füssen. Auch die Königsschlösser Hohenschwangau und Neuschwanstein kann mann erkennen. Im Süden die Tannheimer Berge.

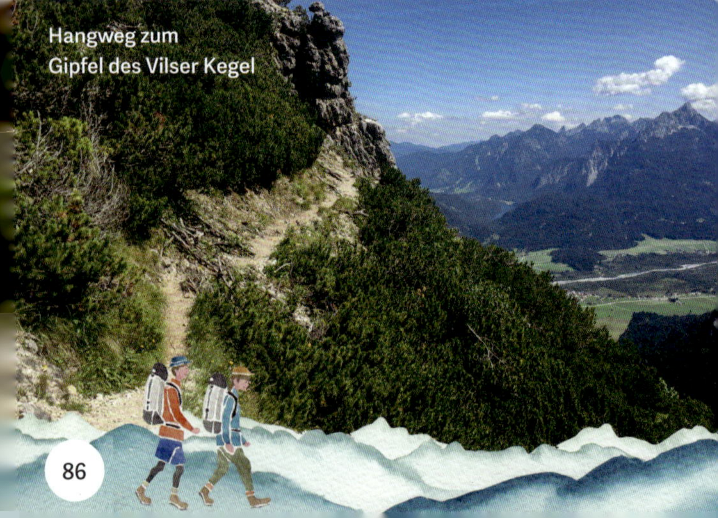
Hangweg zum Gipfel des Vilser Kegel

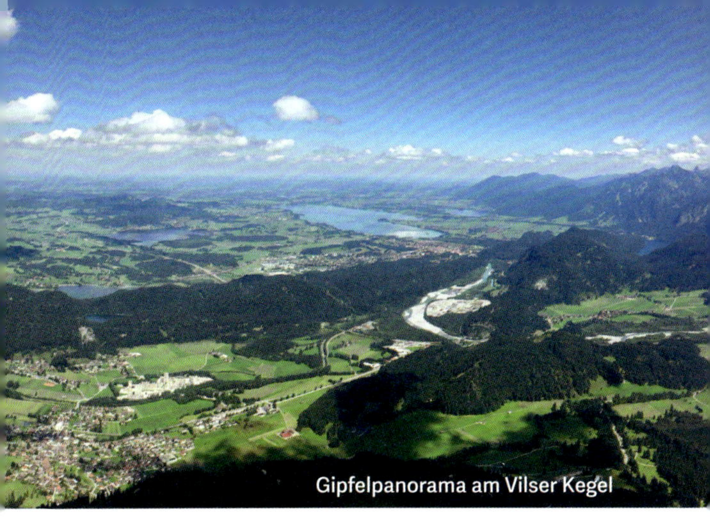

Gipfelpanorama am Vilser Kegel

Nach dem Gipfelsturm folgt zunächst der Rückweg zum Hundsarschjoch. Der Abstieg in Richtung der Vilser Alpe ist im ersten Wegabschnitt steil und von großen Stufen geprägt. Schließlich geht es ruhiger durch den Wald nach unten.
Die bewirtschaftete Alpe ❸ ist vom Tal über einen Fahrweg zu erreichen. Ein Grund, warum auch viele Mountainbiker den Weg hierher finden und zum Gipfel des Vilser Kegel aufsteigen. Über den Fahrweg geht es zunächst gut 3 Kilometer am Alpstrudelwasserfall vorbei talwärts. Am südwestlichen Ende von Vils führt schließlich ein schmalerer Weg wieder zurück zum Ausgangspunkt.

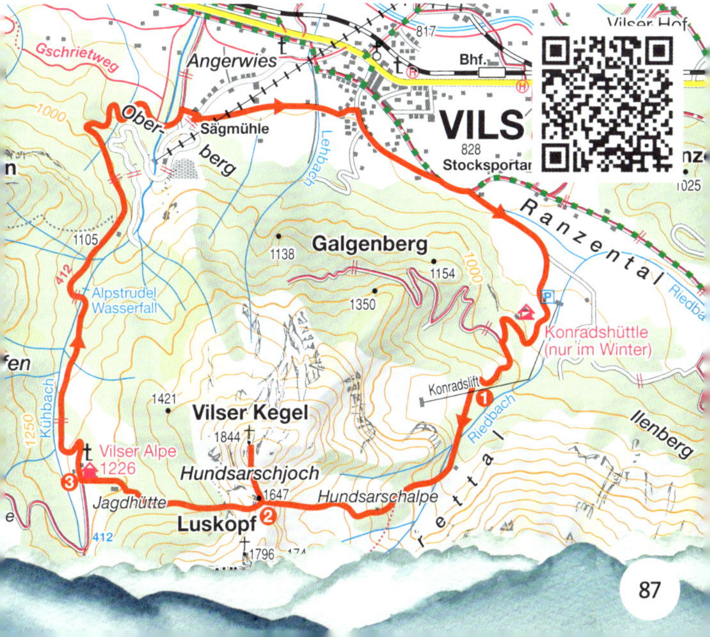

BURG FALKENSTEIN & SALOBER

Einer der schönsten Waldpfade im Ostallgäu wartet

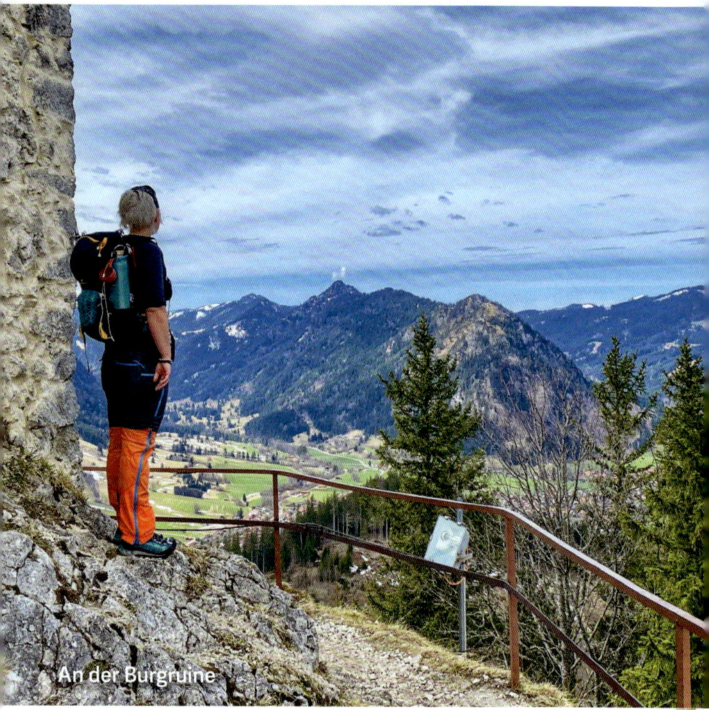

An der Burgruine

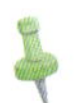

Wanderparkplatz in der Ortschaft Roßmoos bei Weißensee

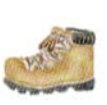

Im Aufstieg zur Burgruine leichte Schotter- und Wirtschaftswege, im Übergang zum Salober schmale Waldpfade, steiler Abstieg durch den Wald zur Salober Alm, Rückweg wieder auf breiten Schotter- und Wirtschaftswegen zum Weißensee

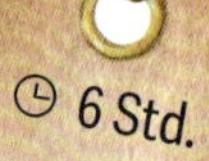

Burghotel auf dem Falkenstein, Salober Alm

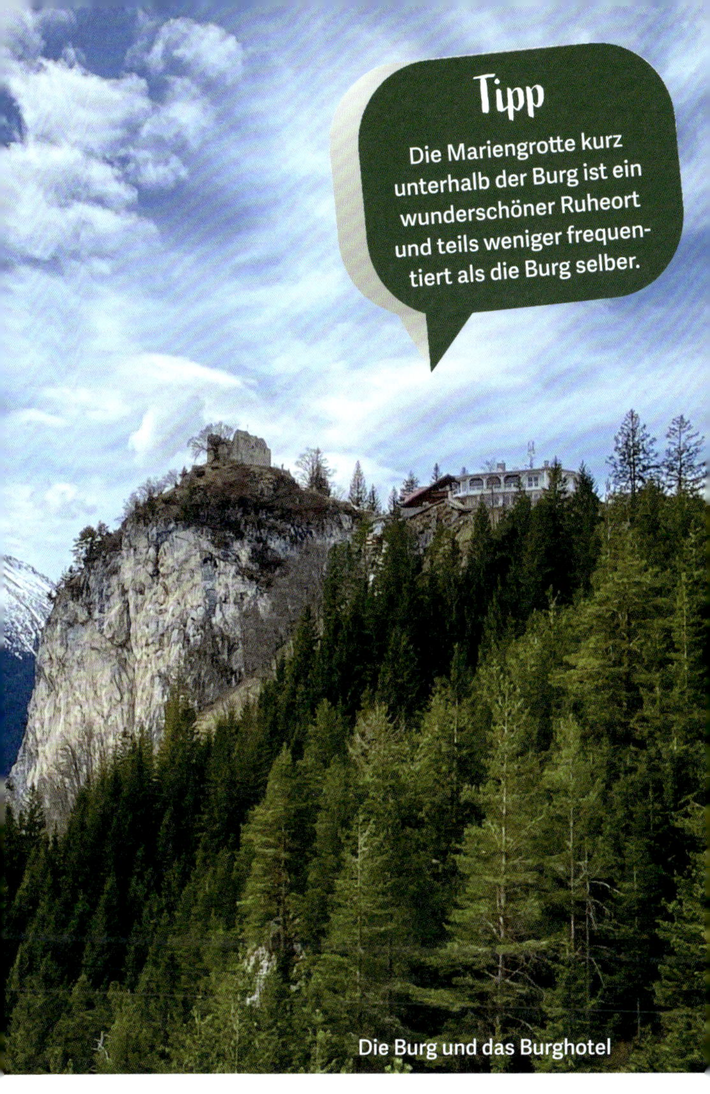

Die Burg und das Burghotel

Die Burgruine Falkenstein ist ein beliebtes Ausflugsziel. Weit weniger begangen ist der anschließende Weg über den Zirmgrat zum Salober und zum Alatsee.

Ausgangspunkt der Tour ist die kleine Ortschaft Roßmoos, kurz vor dem Weißensee im Ostallgäu. Einige wenige kostenfreie Parkplätze stehen am Schützenhaus zur Verfügung. Direkt am Weißensee gibt es weitere Parkmöglichkeiten.
In südwestlicher Richtung geht es aus dem kleinen Weiler auf die Alpweiden unterhalb der steilen Erhebung des Salober. Anschließend

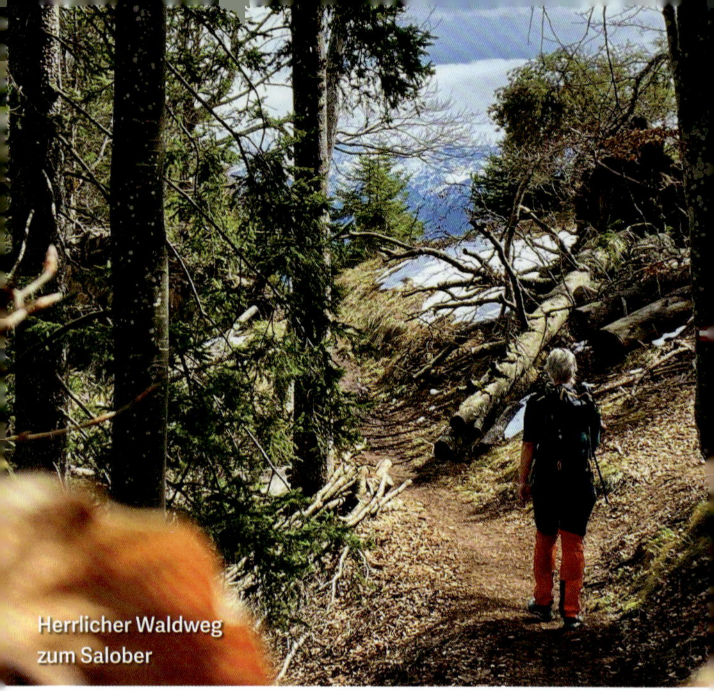

Herrlicher Waldweg zum Salober

verläuft der breite Weg durch den Wald und steigt stetig empor. Erst kurz unterhalb der Burg Falkenstein kann man die Serpentinen der von Pfronten herauf kommende Fahrstraße auf einem schmaleren Pfad abkürzen ❶ und gelangt schließlich zum Abzweig zum Salober.
Der kurze Abstecher zur Burgruine ❷ lohnt sich angesichts des herrlichen Ausblicks auf die umliegende Bergwelt. Anschließend geht es wieder ein paar Höhenmeter zurück.

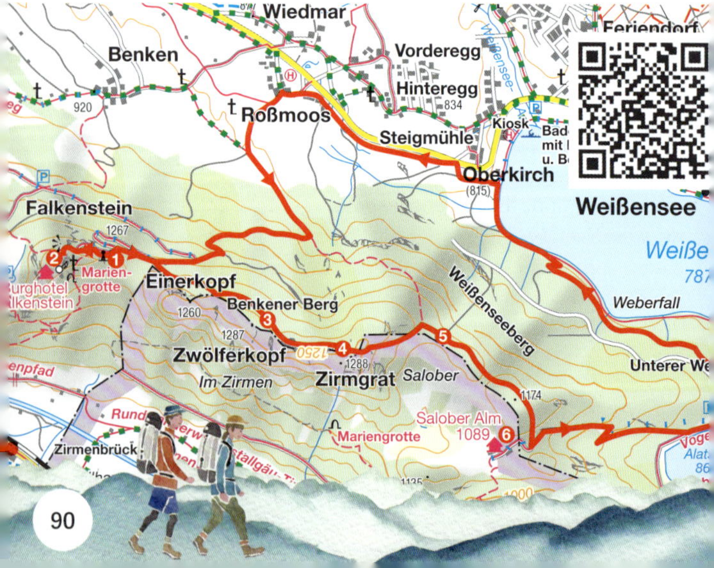

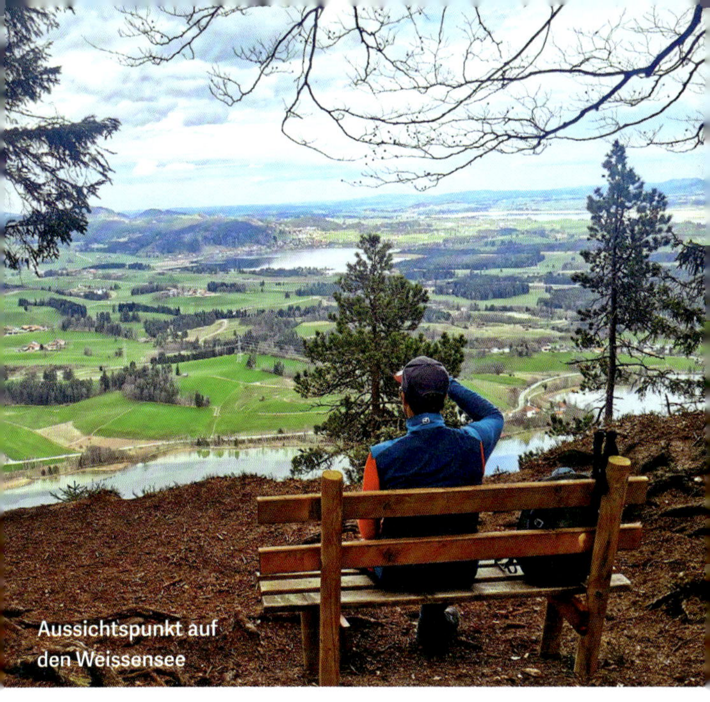
Aussichtspunkt auf den Weissensee

Der Übergang zum Salober beginnt am beschriebenen Abzweig des Waldwegs, der von der Fahrstraße nach oben führt. Zunächst geht es noch durch einen kargen, lichten Wald bergauf. Dann taucht der schmale Pfad in dichter bewachsenes Gebiet ein und beginnt nurmehr leicht zu steigen. Moosbewachsene Felsen, Wurzeln und ein wunderschön federnder Waldboden führen ostwärts durch den Wald. Der schönste Abschnitt der Tour ❸!
Knapp unterhalb des Bergrückens wandert man zum Salober ❹. Hinter dem Aussichtspunkt geht es zunächst steil im Wald ins Tal. Nachdem die erste Stufe überwunden ist, zweigt links ein alternativer Rückweg zum Ausgangspunkt ab. Wer hier abbricht, würde aber einige Meter später den herrlichen Aussichtspunkt ❺ über den Weißensee verpassen.
Der Pfad führt zunächst weiter ins Tal, bevor er wieder zu steigen beginnt. Etwas ausgesetzter geht es an den abfallenden Wänden oberhalb des Weißensees vorbei. Einige Höhenmeter weiter unten mündet der Waldweg auf den Maximiliansweg, der vom Alatsee hinauf zur bewirtschafteten Salober Alm ❻ führt.
Ab der Salober Alm geht es über einen Fahrweg zunächst zum Alatsee und anschließend an das Südufer des Weißensees und zurück nach Roßmoos.

SORGSCHROFEN

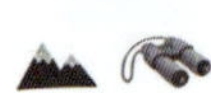

Leicht ausgesetzter Aussichtsbalkon über Jungholz

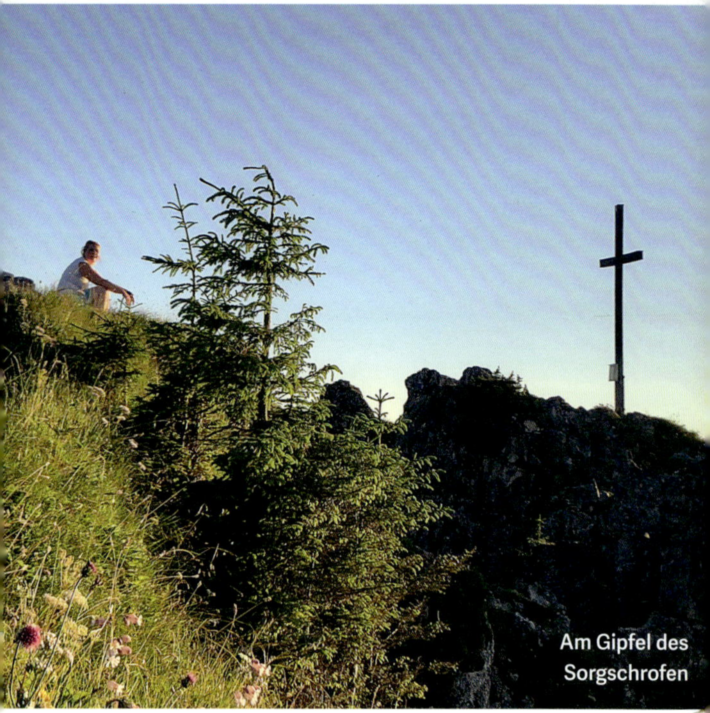

Am Gipfel des Sorgschrofen

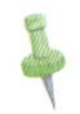

Parkplätze an den Talstation der Jungholzer Skilifte in Jungholz

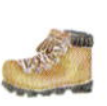

Breite Wirtschaftswege und schmale Bergpfade, im Gipfelbereich felsig, drahtversichert und ausgesetzt, sehr steil

in Jungholz

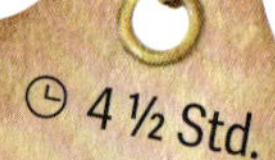

4 ½ Std.
6,5 km
500 Hm
500 Hm

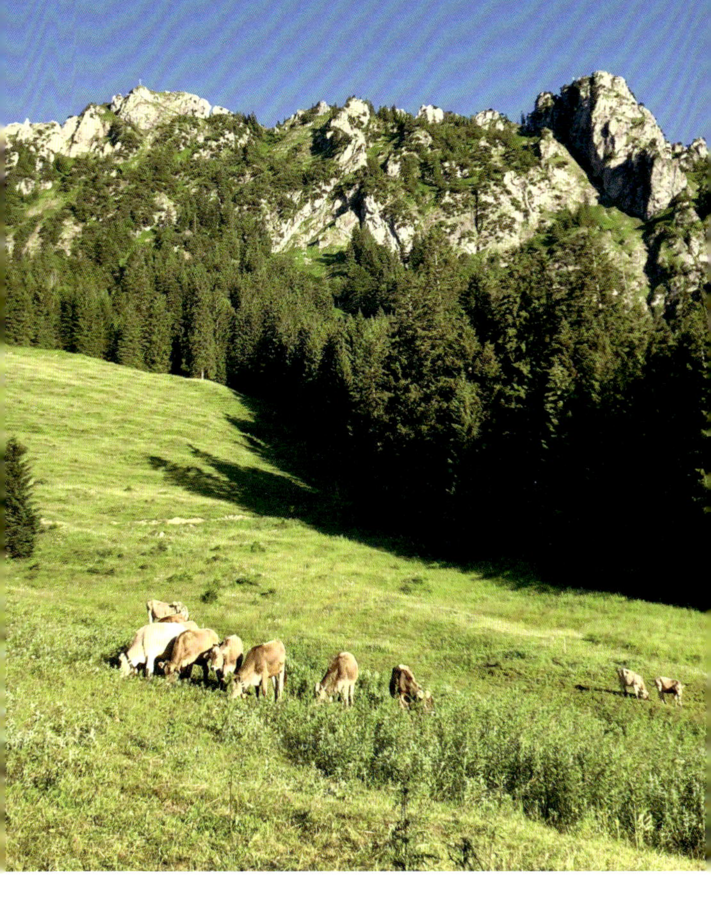

Aufstieg über die Alpwiesen zum Sorgschrofen

Kurze, knackige Bergtour auf den 1635 m hoch gelegenen Sorgschrofen zwischen Deutschland und Österreich.

Der Aufstieg zum Sorgschrofen beginnt in Jungholz. Vom kleinen Tiroler Ort aus ist der Aufstieg mit zweieinviertel Stunden angegeben. Sowohl Auf- als auch Abstieg erfordern aufgrund der steilen Gipfelpassage und auch des schroffen, ausgesetzten Gipfelbereichs Konzentration sowie Trittsicherheit und sollten nicht auf die leichte Schulter genommen werden.

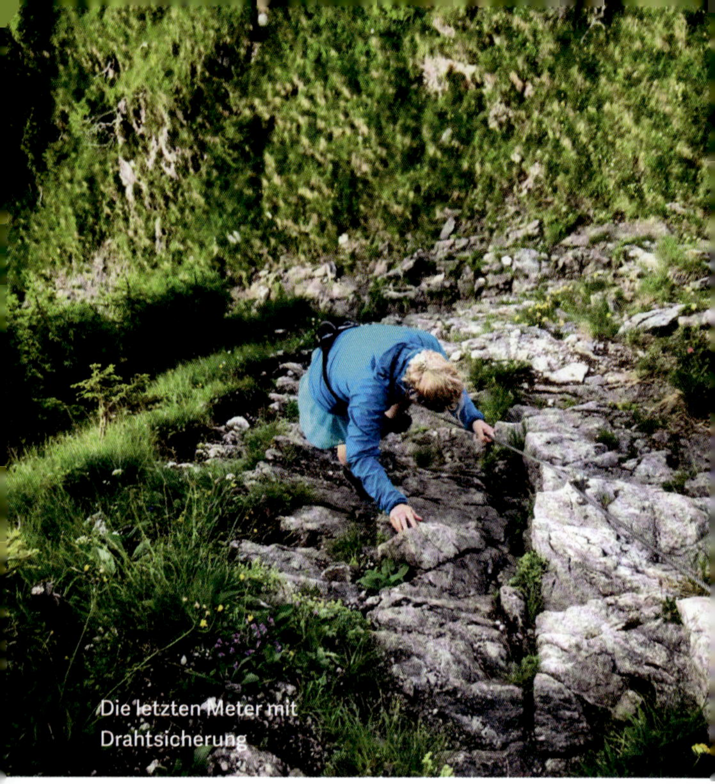

Die letzten Meter mit Drahtsicherung

Zunächst geht es auf breiten Forstwegen steil nach oben. Unterhalb der Alpe Älpele ❶ mündet der Aufstieg in eine Wiese. Nun führt der weitere Wegverlauf gemächlicher über Alpweiden und Wiesen in Richtung Gipfel.

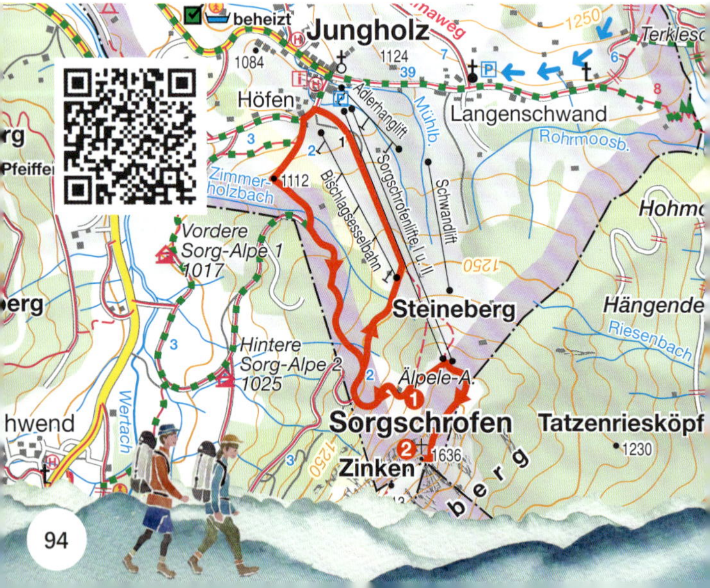

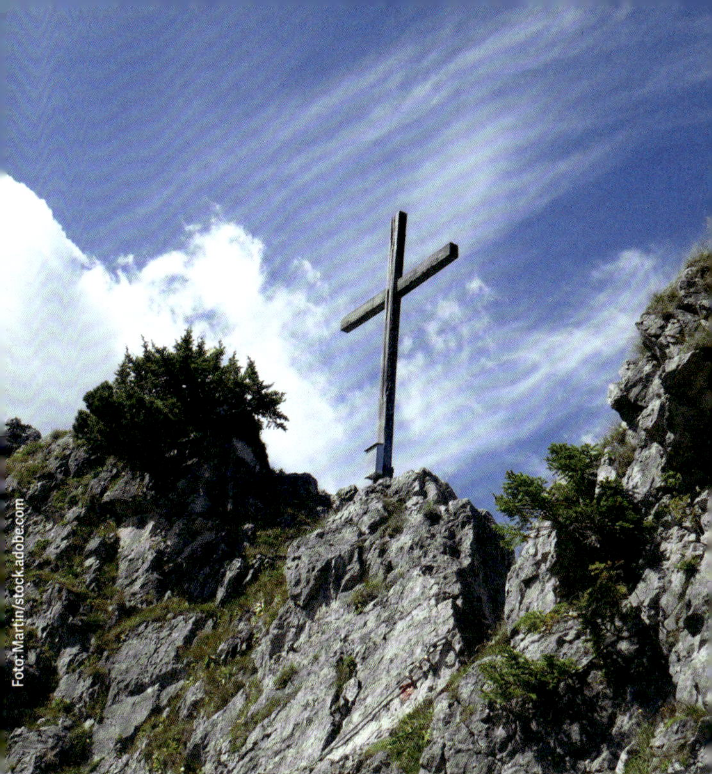

Foto: Martin/stock.adobe.com

Tipp

An lauen Sommerabenden kann man im Abstieg Glühwürmchen im Bereich der Skilifte beobachten.

Kurz vor der Schulter des Sorgschrofen, an der Bergstation der Jungholzer Skilifte, zieht der Weg nochmal an. Ein schmaler, lehmiger Bergpfad führt einige Meter hinauf in den Wald. Nun wird es vorübergehend flacher, bevor der finale Gipfelanstieg erfolgt.

In engen Kehren windet sich der Weg nun steil nach oben ❷. Vereinzelte Tritte unterstützen beim Aufstieg, bevor es felsig wird. Schließlich helfen Drahtseile auf den letzten Höhenmetern. Dann ist der Gipfelaufbau erreicht. Leicht ausgesetzt geht es zum Gipfelkreuz.

Der Rückweg erfolgt zunächst auf demselben Weg in Richtung der Bergstation der Jungholzer Skilifte und zur Alpe Älpele ❶. Von dort kann man entlang der Lifttrasse zurück nach Jungholz absteigen.

WERTACHER HÖRNLE

Bergtour mit Seeblick

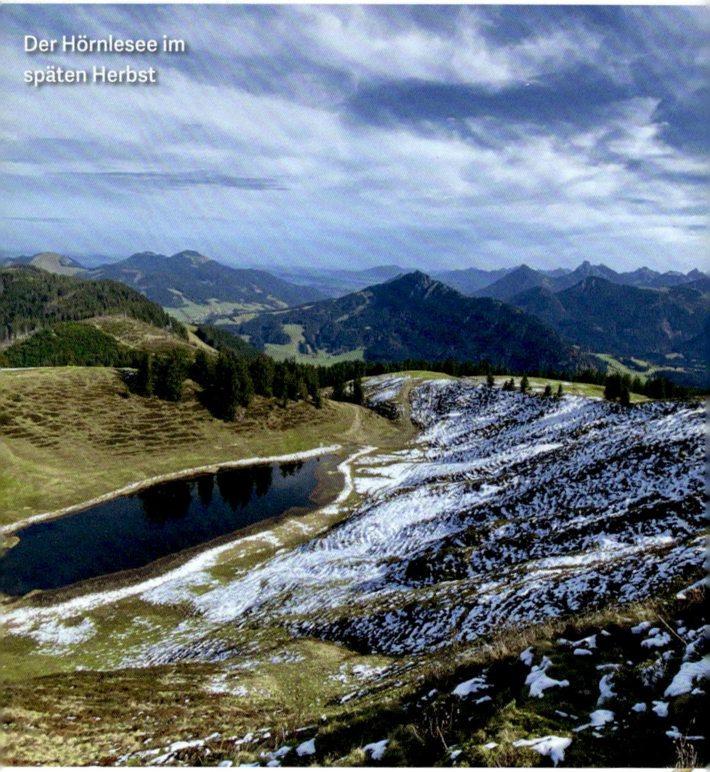

Der Hörnlesee im späten Herbst

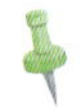

Gebührenpflichtiger Wanderparkplatz in Obergschwend

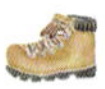

Meist breite Schotter- und Wirtschaftswege, im Gipfelbereich schmale Bergpfade, steiler Aufstieg zur Buchel Alpe

Buchel Alpe
Alpe Schnitzlertal

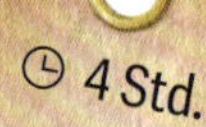

4 Std.
→ 10 km
↑ 690 Hm
↓ 690 Hm

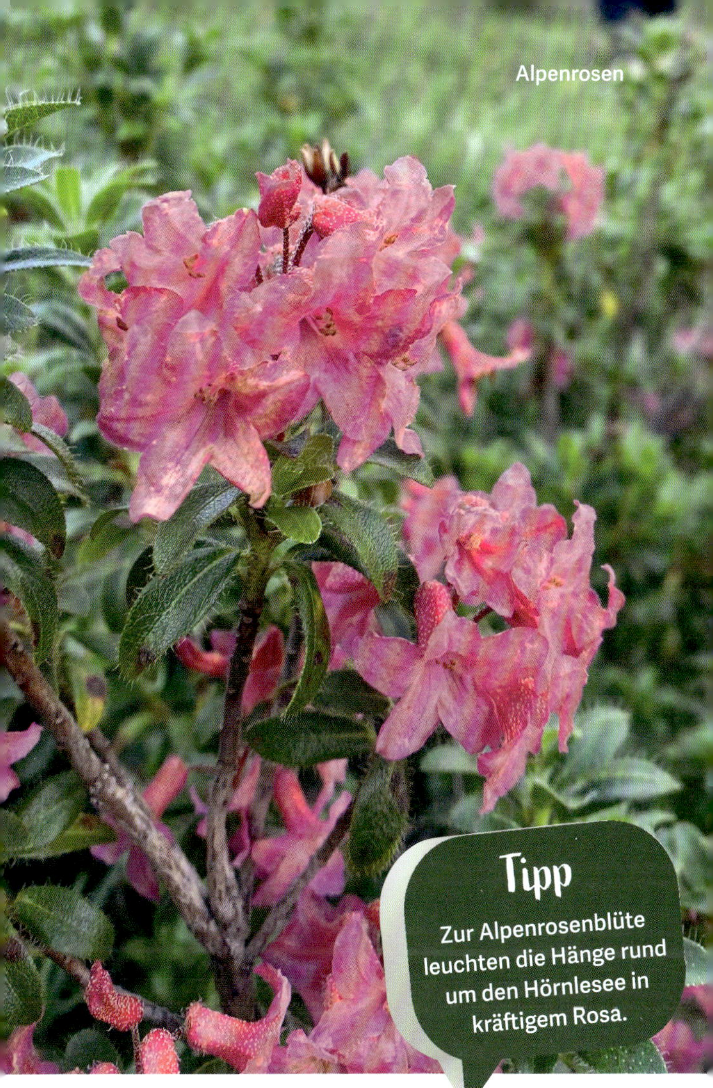

Diese Familienwanderung führt von Unterjoch auf das Wertacher Hörnle und zu zwei herrlichen Einkehrmöglichkeiten.

Der gebührenpflichtige Wanderparkplatz Obergschwend, zwischen Unterjoch und Oberjoch, markiert den Startpunkt dieser leichten Wanderung auf das Wertacher Hörnle. Von hier aus führt eine Fahrstraße hinauf zur Buchel Alpe. Der schönere Aufstieg beginnt einige Meter weiter westlich. Immer den Wegweisern folgend, steigt ein Wiesenweg steil über die Hänge

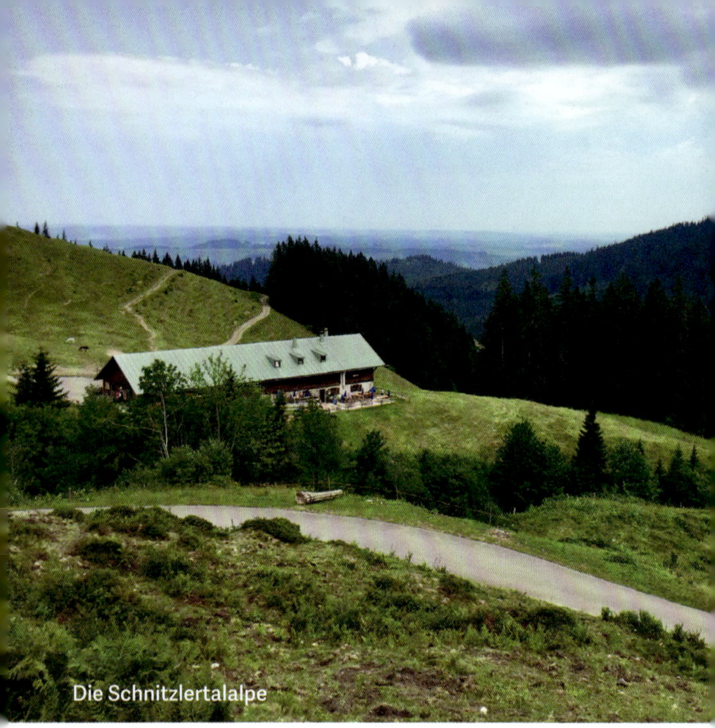

Die Schnitzlertalalpe

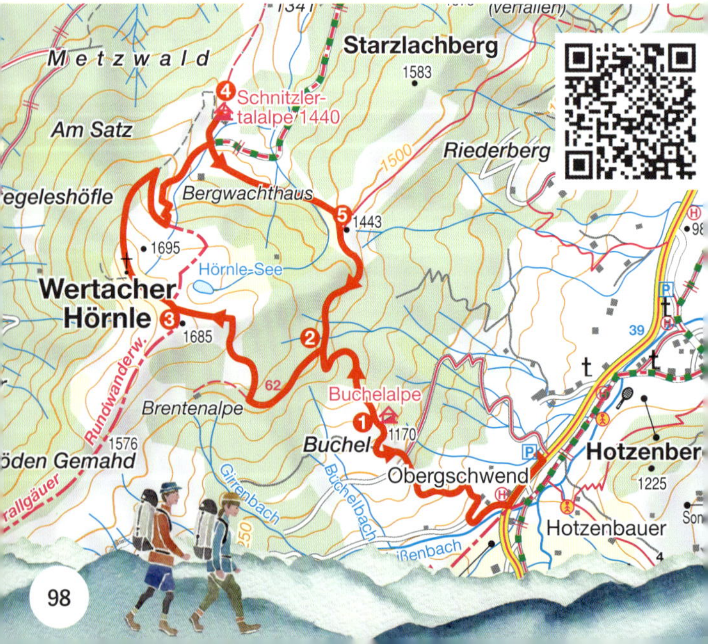

unterhalb der Buchelalpe ❶ nach oben. Er trifft kurz vor der bewirtschafteten Alpe auf die beschriebene Fahrstraße. Auf diesem breiten und gut befestigten Weg geht es an der Alpe vorbei nach oben. Am Ende der Alpwei-

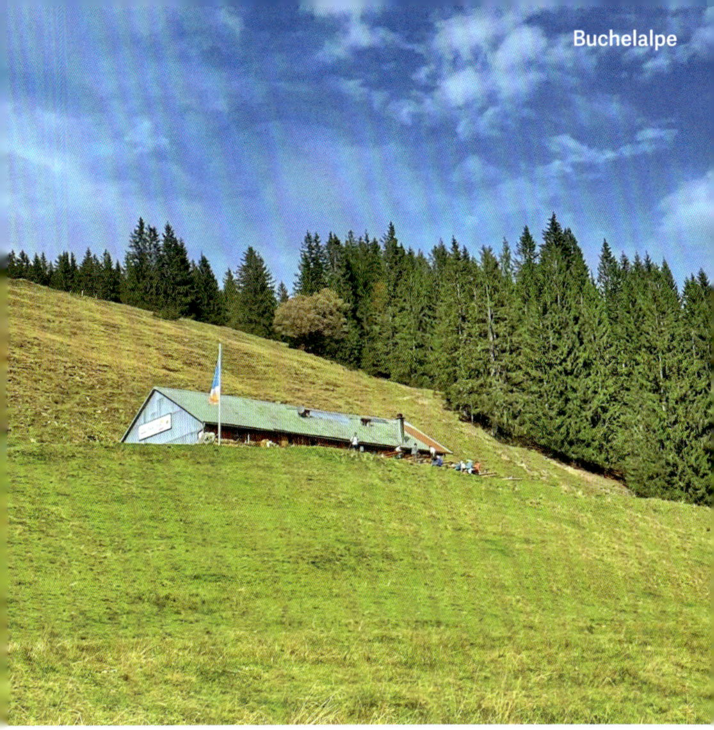

den mündet der Fahrweg in einen Pfad und schließlich auf den von der Schnitzlertalalpe kommenden Wirtschaftsweg ❷.

Nun geht es linker Hand etwas flacher am Berghang entlang, bevor abermals ein Pfad steil über Wiesen hinauf zum Hörnlesee führt. Links oberhalb des kleinen Bergsees geht es zunächst zu einem Aussichtspunkt mit Wegweiser ❸ und auf dem kleinen Rücken weiter zum Gipfel des Wertacher Hörnle.

Der Abstieg erfolgt über einen steilen Grat und führt hinunter zur bewirtschafteten Schnitzlertalalpe ❹. Alternativ zur beschriebenen Route kann man hier rechter Hand die Tour abkürzen und gelangt nach der Umrundung des Hörnlesee wieder auf den Aufstiegsweg.

Einige Meter vor der Schnitzlertalalpe zweigt rechts der Rückweg nach Obergschwend ab. Auf dem bereits bekannten, breiten Wirtschaftsweg geht es zunächst ebenerdig, dann leicht bergauf zu einem wunderschönen Ausblick über Unterjoch in das Tannheimer Tal ❺.

Ohne großen Höhenunterschied führt der Weg nun zurück zum Aufstiegsweg oberhalb der Buchelalpe ❷ und hinunter ins Tal.

ORNACH

Panoramablick in die Tannheimer Berge

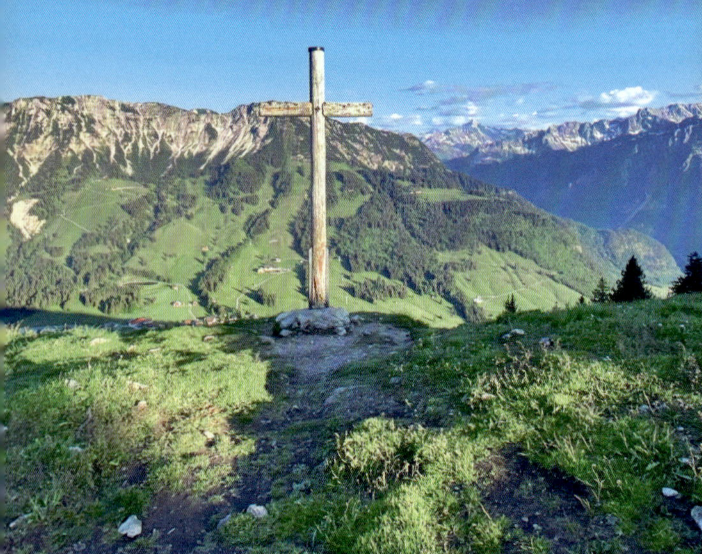

Der Ornachgipfel mit Blick zum Iseler

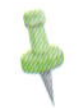 Großer gebührenpflichtiger Parkplatz P1 in Oberjoch

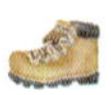 Breite Schotter- und Wirtschaftswege im ersten Teil des Aufstiegs, dann schmale Wiesenpfade, steil

 in Oberjoch

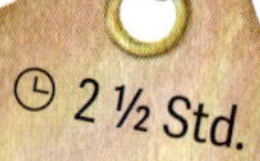

2 ½ Std.
5 km
↑ 370 Hm
↓ 370 Hm

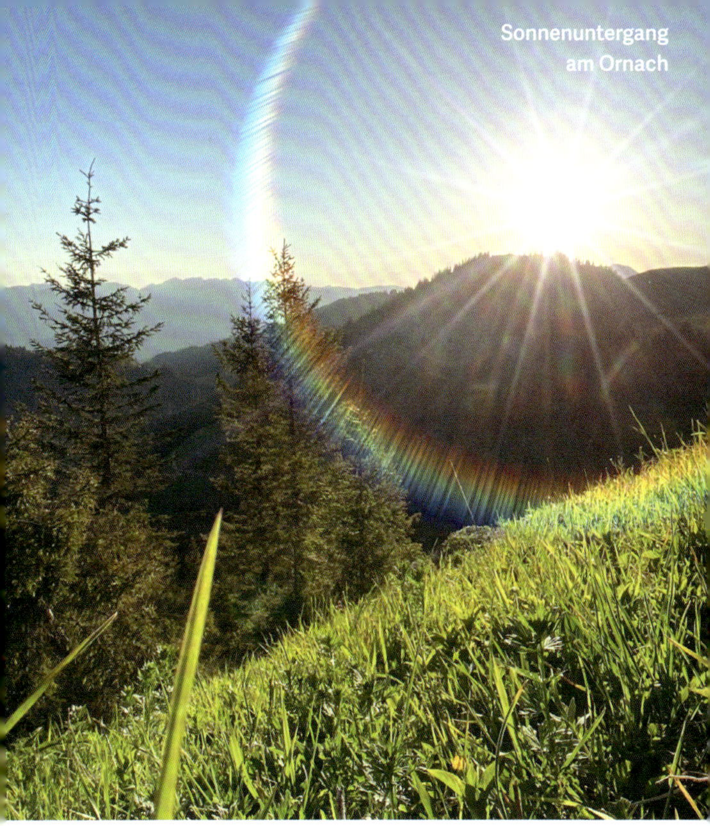
Sonnenuntergang am Ornach

Der Ornach Gipfel wurde von den „Großen Wegen" in ihrer Streckenführung zu Unrecht nicht berücksichtigt.

Der Europäische Fernwanderweg Nummer 4 führt von Sonthofen über das Tiefenbacher Eck und den Hirschberg nach Unterjoch, während ihm der Maximiliansweg auf derselben Strecke entgegen kommt. Beide Wege verlaufen somit unterhalb des Ornachgipfel, ohne ihn zu überschreiten.

Der Gipfel des Ornach lässt sich aber nicht nur über die beiden Wege, sondern auch von der gegenüberliegenden Seite begehen. Der Aufstieg beginnt am großen Parkplatz in Oberjoch. Zunächst geht es auf der gegenüberliegenden Straßenseite ins obere Dorf ❶. Dort weisen bereits Schilder den Ornachgipfel aus.

Auf der ersten Hälfte der Tour führt ein breiter Fahrweg schnell nach oben. Auf der gegenüberliegenden Seite schieben sich die Gipfel von Iseler (Tour Nummer 16) und Wannenjoch nach oben. Nach einer guten halben Stunde Gehzeit biegt rechter

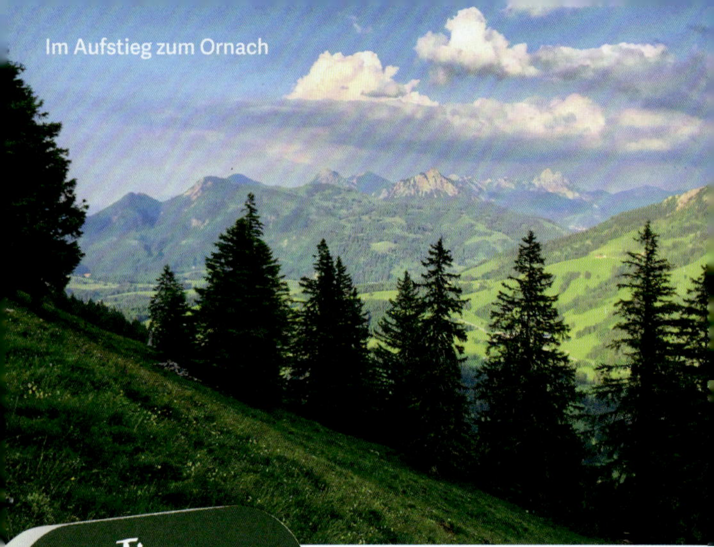

Im Aufstieg zum Ornach

Tipp

In den späten Nachmittagsstunden kann man im Aufstieg unterhalb des Ornach mit etwas Glück Gämsen beobachten.

Hand der weitere Aufstiegsweg zum Ornach ab ❷.
Von nun an geht es auf einem schmalen Bergpfad nach oben. Der Wald lichtet sich und die Strecke zieht sich über die weiten, freien Alpflächen unterhalb des Gipfelkreuzes nach oben. Am Gipfel angekommen, eröffnet sich der Panoramablick in die Tannheimer Berge mit der markanten Kombination aus Gimpel und Rotflüh.
Der Abstieg nach Oberjoch erfolgt auf dem identischen Weg zum Aufstieg.

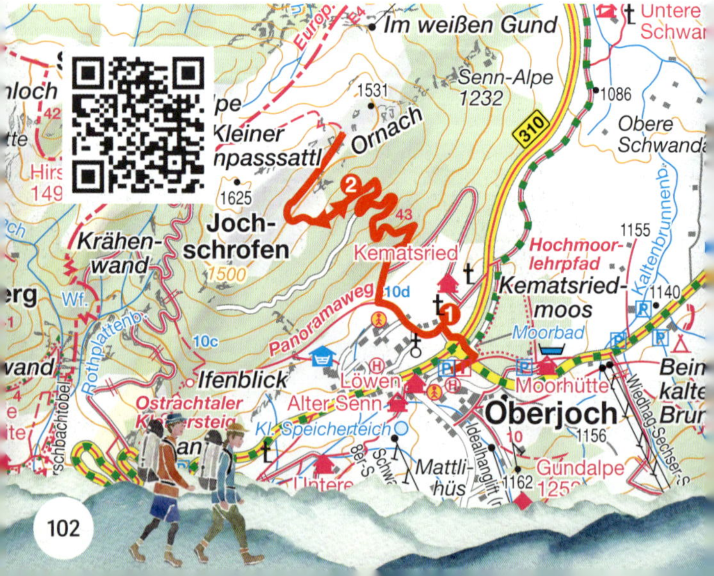

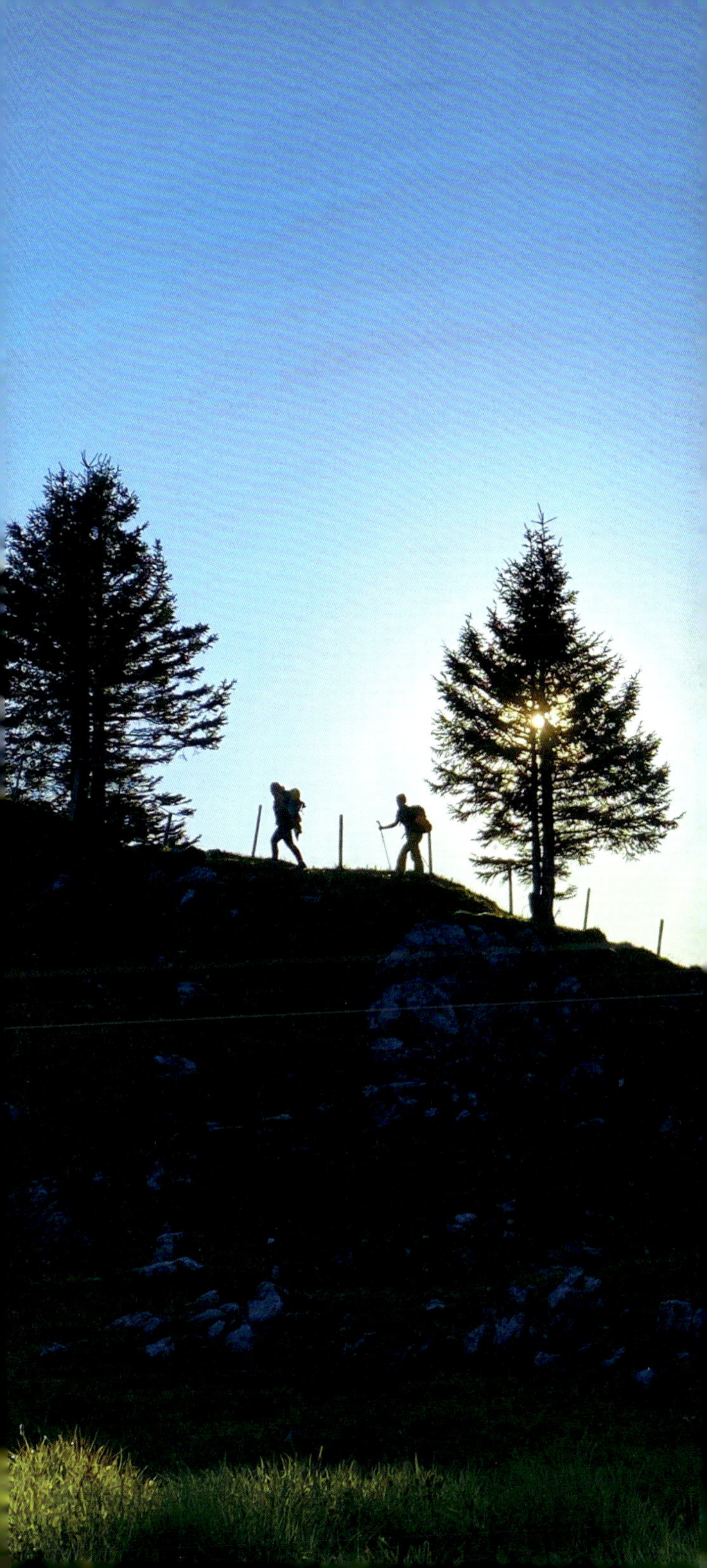

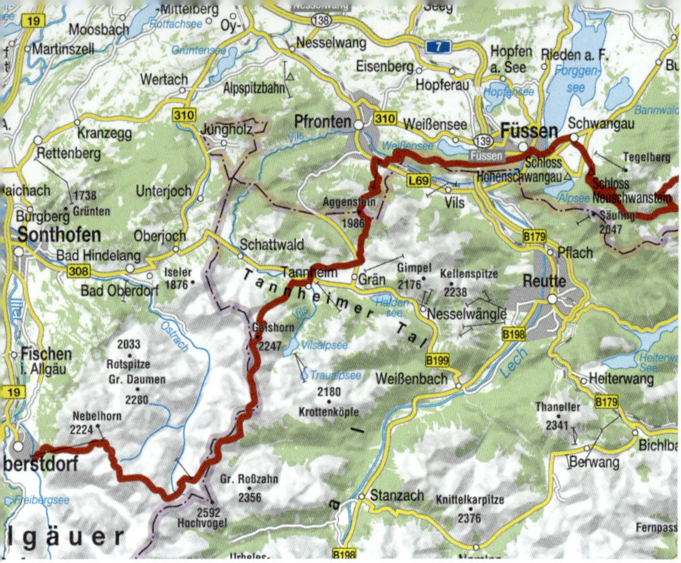

VIA ALPINA

Die Via Alpina bietet fünf verschiedene Wegvarianten, die auf insgesamt 342 Etappen durch acht Länder führen. Drei dieser Routen durchqueren dabei auch das Allgäu.

Die violette Route beginnt in Sloweniens Triglav Nationalpark, führt über Berchtesgaden nach Garmisch-Partenkirchen bevor der Weg bei Füssen zunächst in Richtung Tannheimer Tal einbiegt und letztlich in Oberstdorf endet.

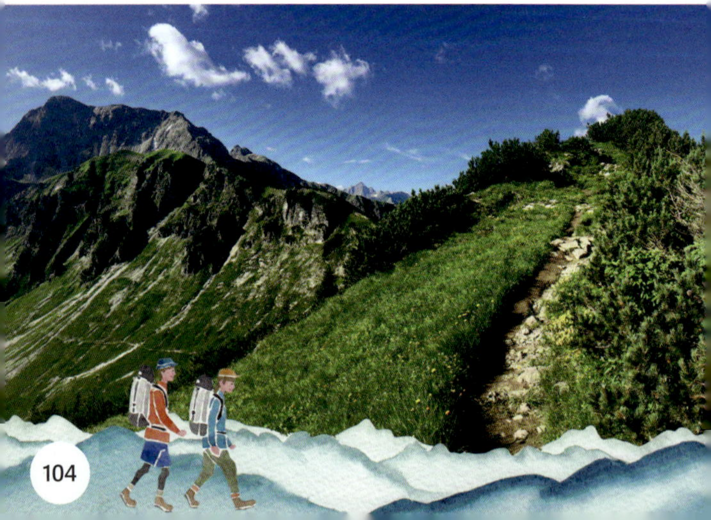

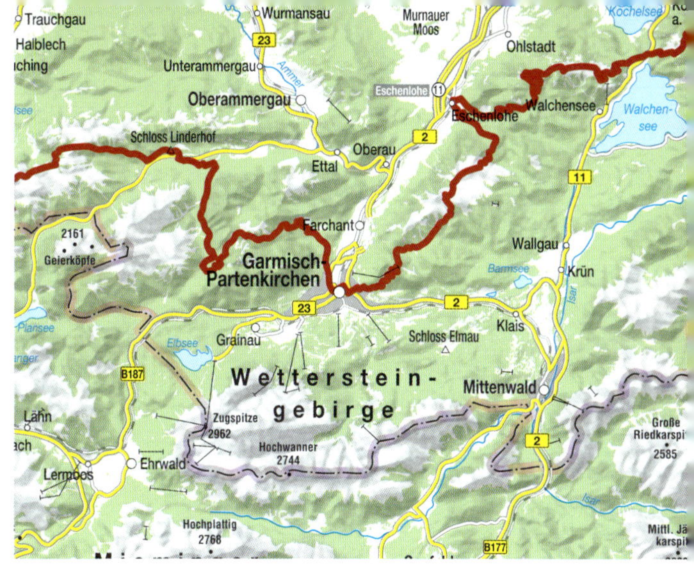

Die rote Variante des Wegs führt ein Stück weit südlicher durch das Allgäu. Von Triest kommend, geht es zunächst in Richtung Drei Zinnen und weiter nach Mittenwald. Dann schneidet der Weg vom Lechtal her das Allgäu bei Oberstdorf und führt schließlich über das Rheintal in die Schweiz. Vorbei am Mont Blanc geht es dann bis nach Monaco.

Ebenfalls in Triest startet auch die gelbe Variante der Via Alpina. Zunächst nach Norden, dann nördlich Udine vorbei nach Bozen. Schließlich geht es über die Texelgruppe in Richtung Sölden und weiter nach Oberstdorf, wo der Weg auf den Pfaden des E5 an der Kemptner Hütte endet.

Mehr Informationen: *www.via-alpina.org*

Touren entlang der Via Alpina

23 ROHNENSPITZE

Gipfeltour im Tannheimer Tal

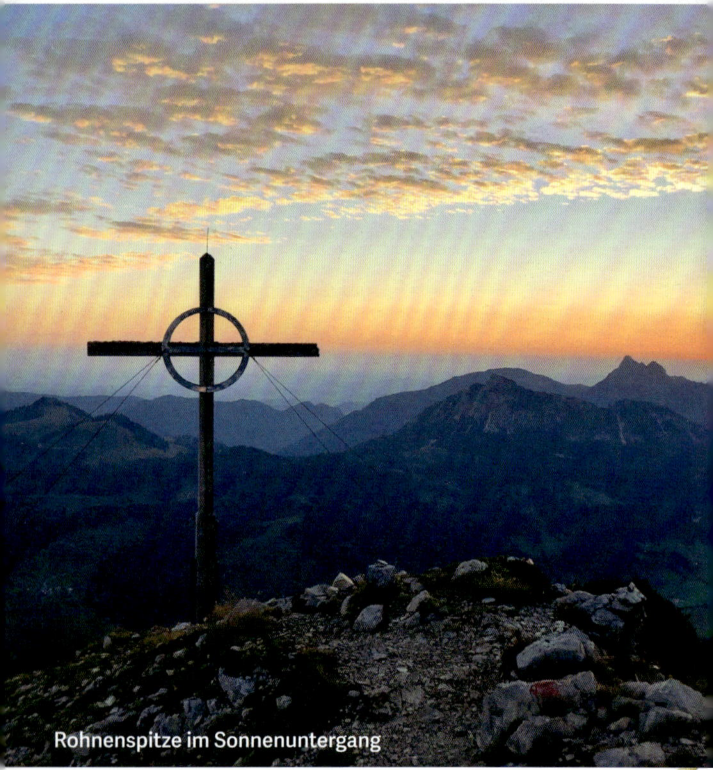

Rohnenspitze im Sonnenuntergang

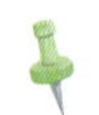

Parkplatz der Rohnenlifte in Zöblen

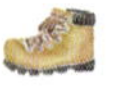

Im Aufstieg und Übergang ins Älpeletal schmale Berg- und Wiesenpfade, steil bis zum Gipfel der Rohnenspitze, Rückweg ab dem Höfer See auf leichten Schotter- und Wirtschaftswegen

Älpele Alpe

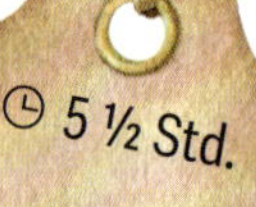

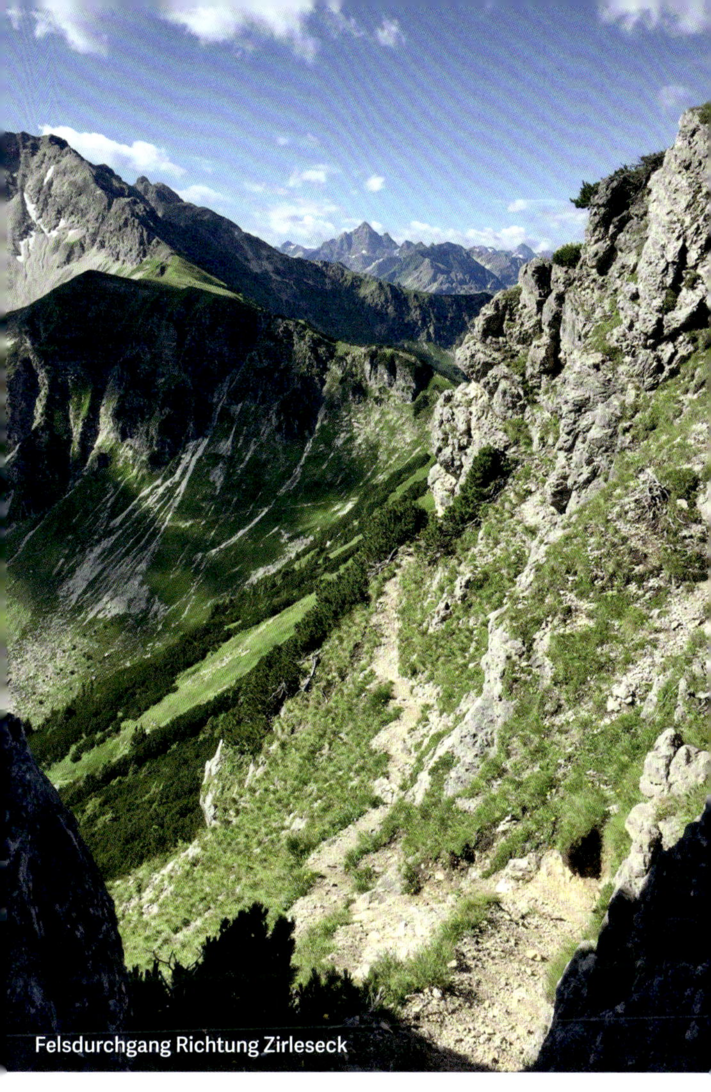

Felsdurchgang Richtung Zirleseck

Die Rohnenspitze ist ein verhältnismäßig wenig begangenes Gipfelziel in der Tannheimer Bergwelt.

Der Aufstieg beginnt am Liftparkplatz der Rohnenlifte bei Zöblen. Von der Vils, die das Tal durchfließt, geht es über Wiesenwege steil und zügig bergauf. Alternativ kann man auch dem Forstweg 1 durch den Wald folgen, der sich etwas gemütlicher in Richtung Pontental hinaufzieht. Auf Höhe der Bergstation der Rohnenlifte ist der Zugang in das Hochtal erreicht 2.

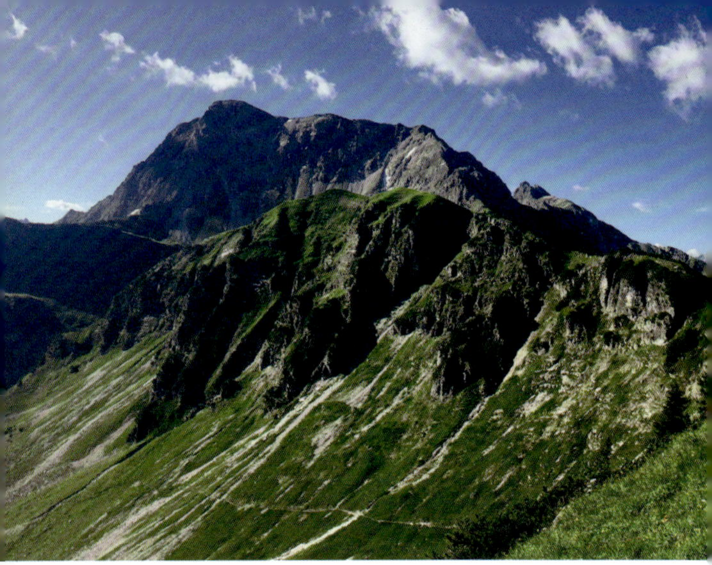

Bereits wenige hundert Meter später biegt links der direkte Weg zum Gipfel ab ❸. Es folgt ein Aufstieg über weite Latschenfelder und die ausgedehnten Geröllflächen bis zum Kreuz mit herrlichem Rundumblick über das Tannheimer Tal. Im Übergang zum Zirleseck ❹ wird es zunehmend felsiger. Ein kurzer, steiler Abstieg zu einem Felsdurchgang, bei dem Trittsicherheit gefragt ist. Über den nördlichen Rücken der Rohnenspitze geht es in Richtung Zirleseck, wo der Blick unweigerlich auf das massige Gaishorn und den markanten Hochvogel fällt.

Der Bergpfad bahnt sich nun seinen Weg durch einen Latschenhang bis zur Weggabelung zwischen Willersalpe (Tour

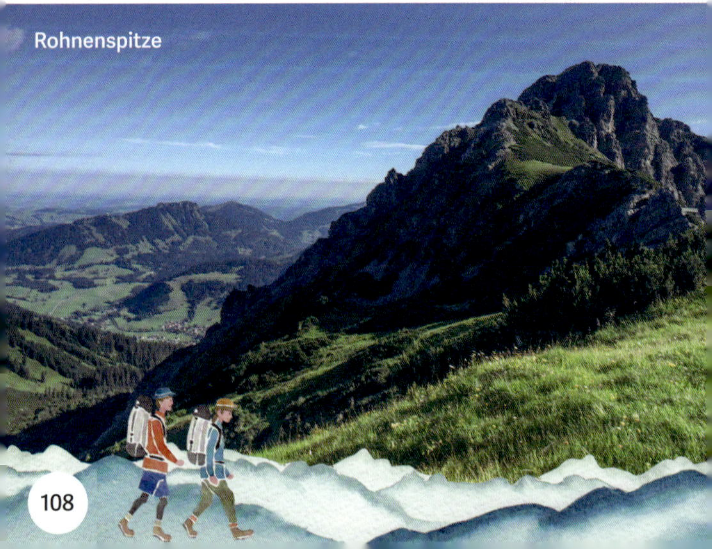

Rohnenspitze

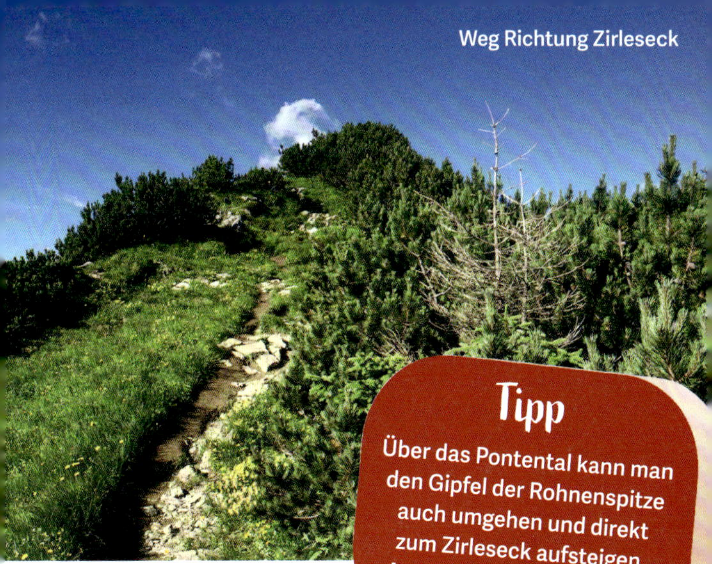

Weg Richtung Zirleseck

Tipp

Über das Pontental kann man den Gipfel der Rohnenspitze auch umgehen und direkt zum Zirleseck aufsteigen. Am Höfersee lohnt sich ein Sprung ins kühle Nass.

Nummer 12) und Älpele Alpe. Hier trifft die beschriebene Route auf die Via Alpina, die von Tannheim kommend über das Zirleseck in Richtung Schrecksee und weiter zum Prinz-Luitpold-Haus führt. Im weiten Talkessel unterhalb von Rohnenspitze und Gaishorn geht es in Richtung Tannheim. Kurz nach der bewirtschafteten Älpele Alpe **5** führt der Weg in einem weiten Bogen um die Rohnenspitze herum durch den Bergwald, wo er auf den ausgeschilderten Höfer See trifft **6**. Vom kleinen Waldsee aus geht es auf einem breiten Höhen-Wanderweg zurück in Richtung Zöblen, wo nurmehr der Abstieg zurück zum Parkplatz wartet.

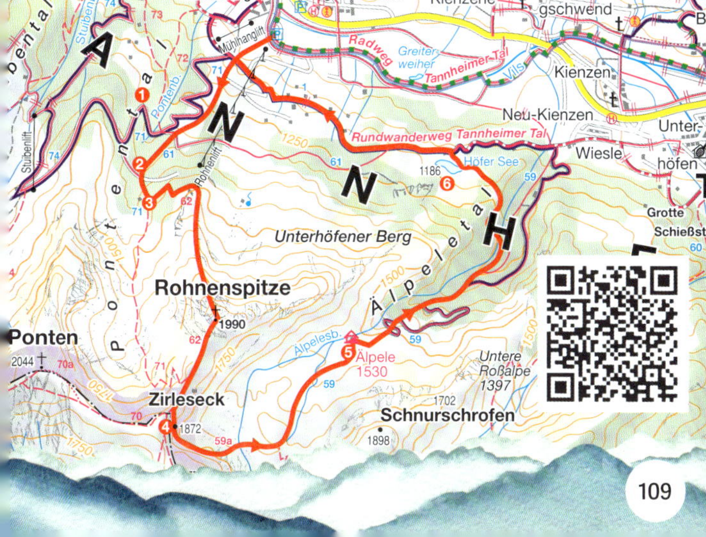

LAUFBACHER ECK

Eine aussichtsreiche Höhenwanderung

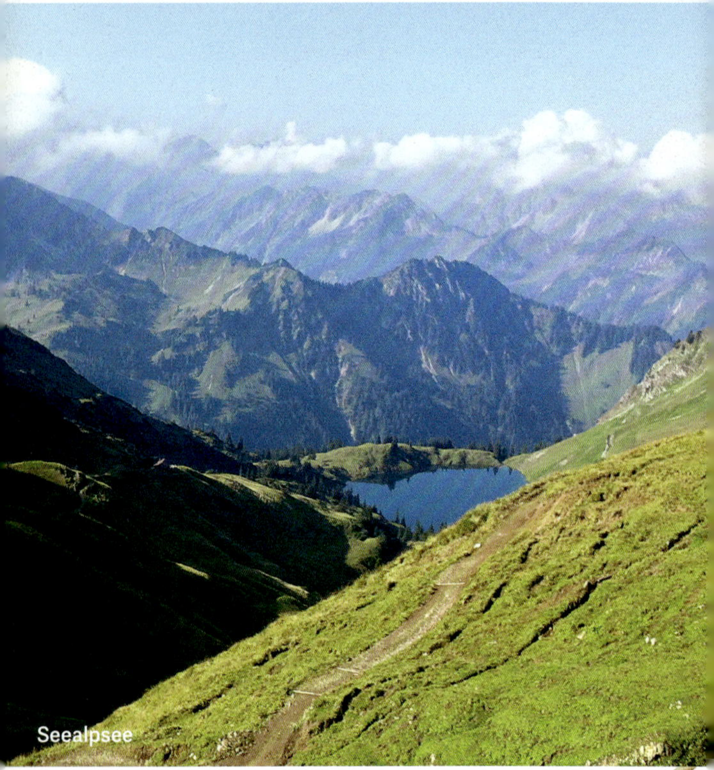

Seealpsee

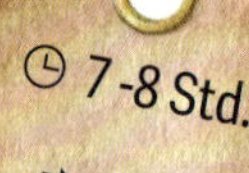

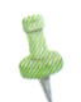 Parkplatz an der Nebelhornbahn in Oberstdorf

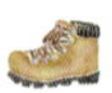 Schmale, mäßig steile Bergpfade, im Abstieg zur Käseralpe steil auf breitem Schotterweg, dann zunächst steil, später flach über breite Schotter- und Wirtschaftswege zurück nach Oberstdorf

 Käseralpe, Untere Gutenalpe, Oytalhaus

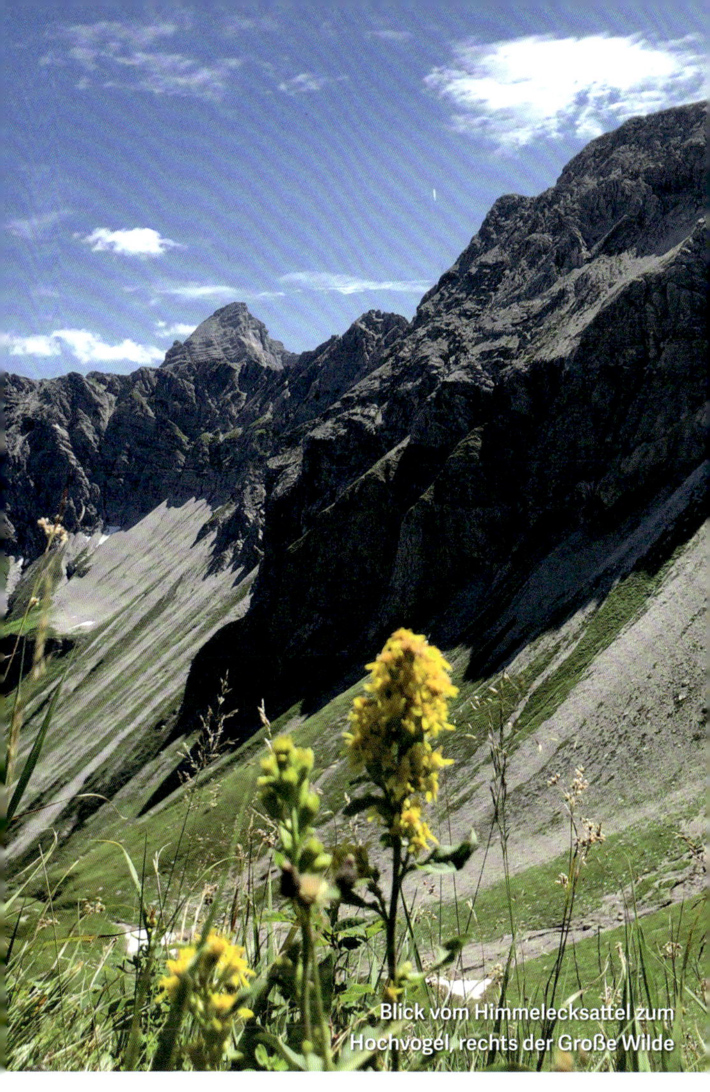

Blick vom Himmelecksattel zum Hochvogel, rechts der Große Wilde

Höfats, Schneck und Hochvogel. Auf dieser Höhenwanderung oberhalb des Oytals kann man einige der bekanntesten Allgäuer Gipfel sehen.

Mit der neuen Nebelhornbahn geht es hinauf zur Bergstation und dem Edmund-Probst-Haus. Ein breiter Weg führt ein paar Meter bergab, dann bergauf in Richtung Zeigersattel ❶, wo bereits das erste Highlight der Tour wartet. Der Blick auf den Seealpsee und die dahinterliegende Gipfelparade des

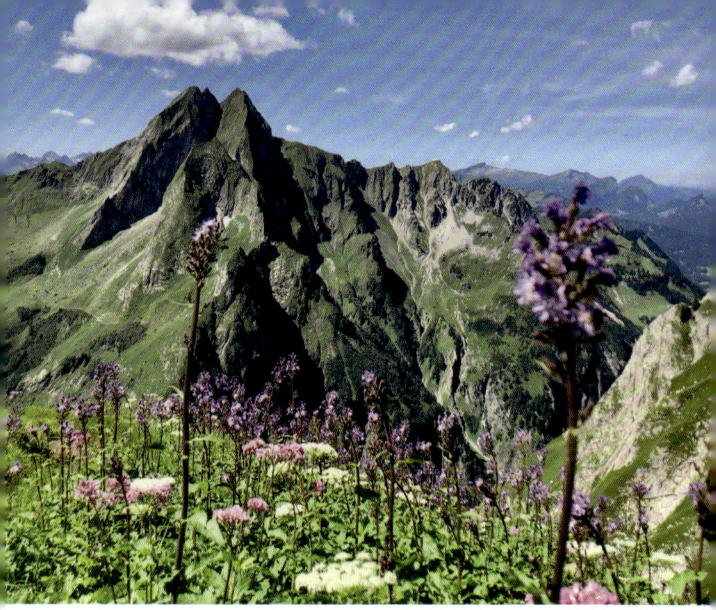

Die Höfats vom Himmelecksattel

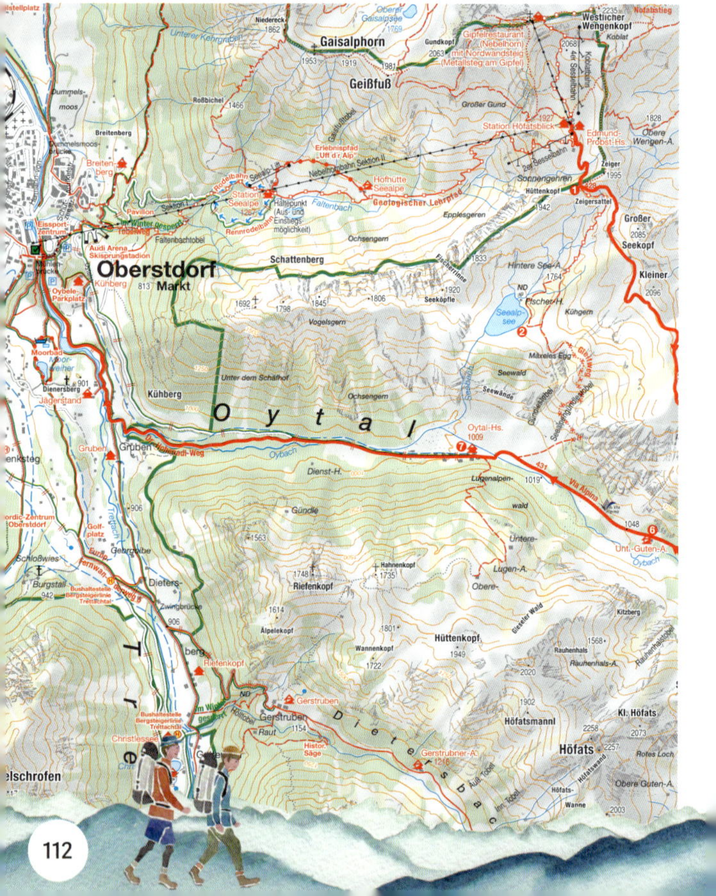

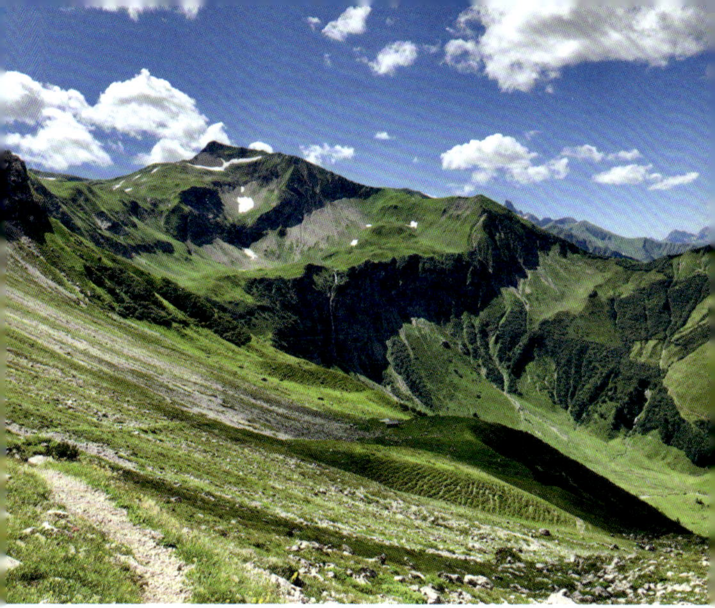

Abstieg zur Wildenfeldhütte

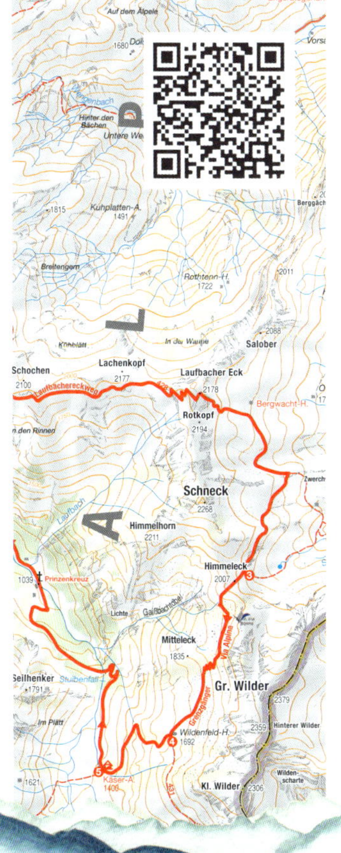

Allgäuer Hauptalpenkamms.

Am Zeigersattel beginnt die eigentliche Höhenwanderung. Oberhalb des Seealpsees **2** geht es in Richtung der steil abfallenden Wände ins Oytal. Auf dem ersten Abschnitt sind kaum Höhenunterschiede zu bewältigen. Der Weg ist trotz der steil abfallenden Wände nie ausgesetzt. Umso mehr Zeit, den Panoramablick auf die Höfats zu genießen.

Erst unterhalb des Laufbacher Ecks, dem höchsten Punkt der Tour, beginnt der Bergpfad deutlich zu

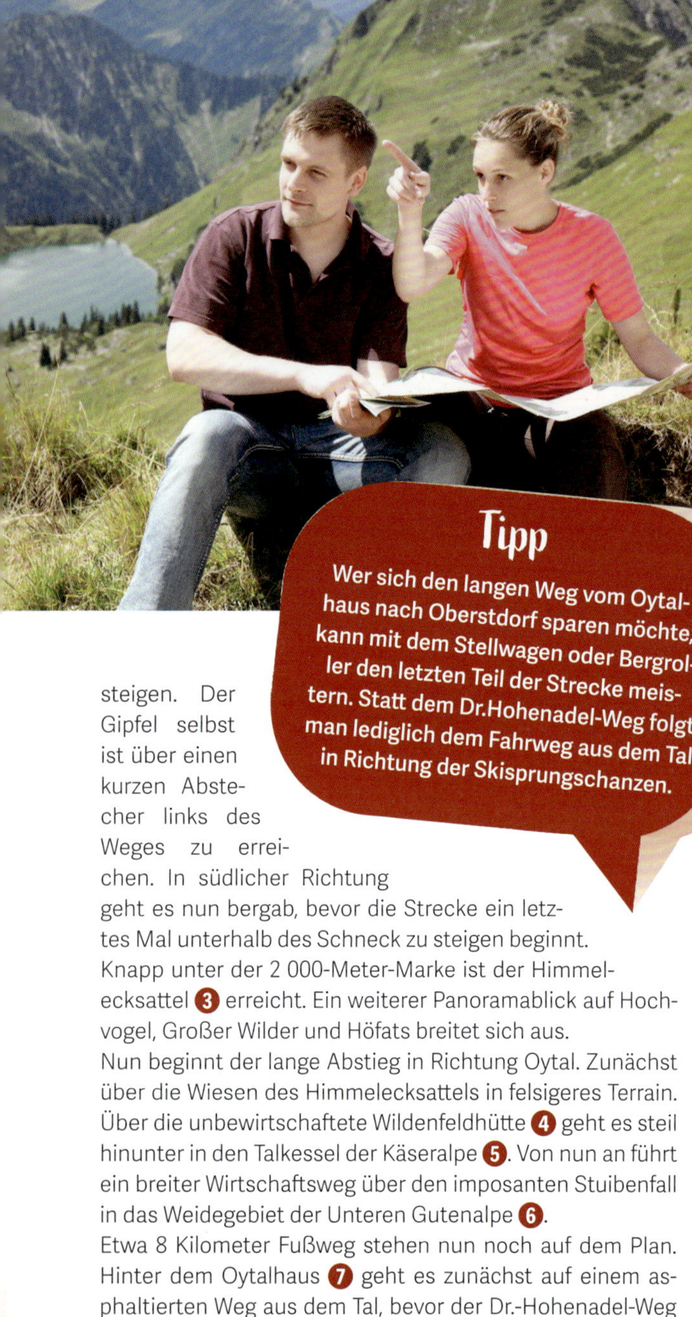

Tipp

Wer sich den langen Weg vom Oytalhaus nach Oberstdorf sparen möchte, kann mit dem Stellwagen oder Bergroller den letzten Teil der Strecke meistern. Statt dem Dr.Hohenadel-Weg folgt man lediglich dem Fahrweg aus dem Tal in Richtung der Skisprungschanzen.

steigen. Der Gipfel selbst ist über einen kurzen Abstecher links des Weges zu erreichen. In südlicher Richtung geht es nun bergab, bevor die Strecke ein letztes Mal unterhalb des Schneck zu steigen beginnt. Knapp unter der 2 000-Meter-Marke ist der Himmelecksattel 3 erreicht. Ein weiterer Panoramablick auf Hochvogel, Großer Wilder und Höfats breitet sich aus.

Nun beginnt der lange Abstieg in Richtung Oytal. Zunächst über die Wiesen des Himmelecksattels in felsigeres Terrain. Über die unbewirtschaftete Wildenfeldhütte 4 geht es steil hinunter in den Talkessel der Käseralpe 5. Von nun an führt ein breiter Wirtschaftsweg über den imposanten Stuibenfall in das Weidegebiet der Unteren Gutenalpe 6.

Etwa 8 Kilometer Fußweg stehen nun noch auf dem Plan. Hinter dem Oytalhaus 7 geht es zunächst auf einem asphaltierten Weg aus dem Tal, bevor der Dr.-Hohenadel-Weg links ab zur Trettach und hinaus nach Oberstdorf führt.

GAISALPSEE

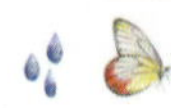

Ein Bergsee, Wasserfälle und ein wunderschöner Tobelweg

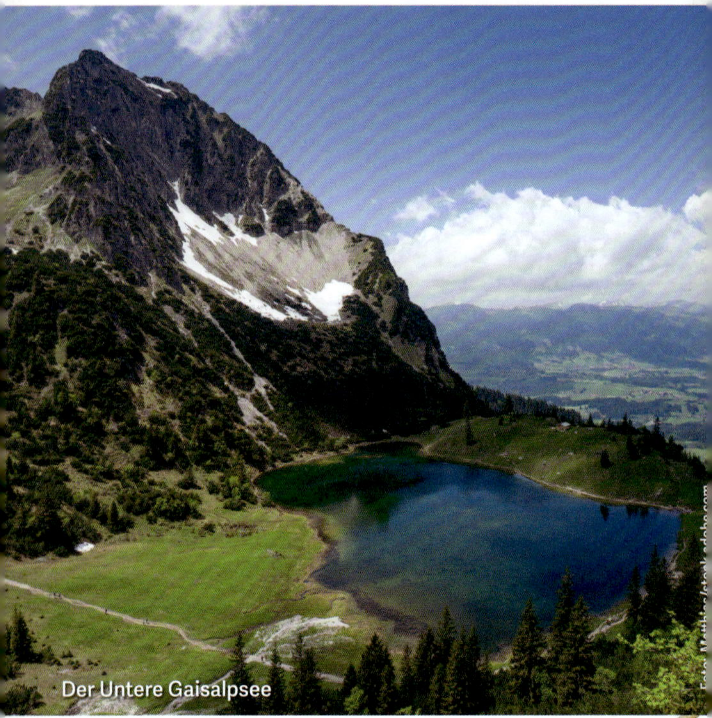

Der Untere Gaisalpsee

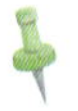

Wanderparkplatz in Reichenbach, an der Nebenstrecke zwischen Oberstdorf und Sonthofen

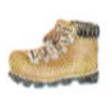

Großteils steile Berg- und Wiesenpfade mit immer wieder steileren Abschnitten. Abstiegsvariante auf breitem Schotterweg zurück zum Parkplatz

Untere Richteralpe, Gaisalpe

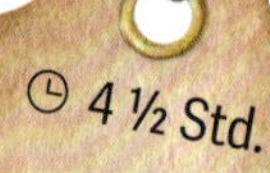

4 ½ Std.
8,5 km
660 Hm
660 Hm

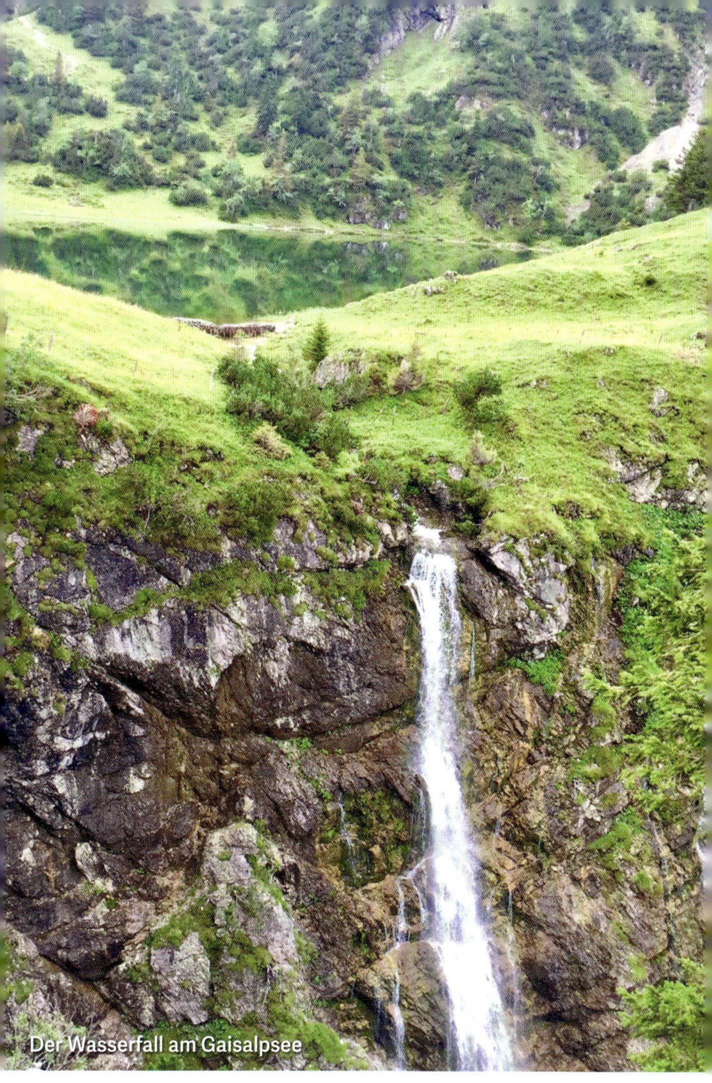
Der Wasserfall am Gaisalpsee

Über den Gaisalptobelweg und die Unteren Richteralpe geht es zum Unteren Gaisalpsee.

In der kleinen Ortschaft Reichenbach, an der Nebenstrecke zwischen Oberstdorf und Sonthofen, beginnt an einem gebührenpflichtigen Wanderparkplatz der Aufstieg zu den Gaisalpseen.
Ein breiter Fahrweg führt einige hundert Meter durch den Wald. Noch bevor der Wirtschaftsweg zu den höher gelegenen Alpen steiler wird, zweigt linker Hand der Weg durch den Gaisalptobel ab **1**. Über eine

kleine Steiganlage geht es entlang des Bachs etwa 200 Höhenmeter nach oben, wo der Tobelweg wieder auf den Fahrweg trifft ❷.

Nach einer Brücke weisen Schilder rechts ab zur Unteren Richteralpe. ❸ Nun geht es über die freien Alpflächen etwas steiler empor, bevor ein flacherer Wegabschnitt durch verschieden bewachsenes Gelände zum finalen Anstieg führt.

In kurzen Kehren geht es steil hinauf. Bald kommt der große Wasserfall des Gaisalpsees in Sicht. Wenige Meter später ist der Bergsee unterhalb des Rubihorn erreicht. Das Rubihorn ist ein beliebter Ausflugsgipfel. Allerdings erfordern die 400 Höhenmeter ab dem See gerade im Gipfelbereich Trittsicherheit.

Der Abstieg vom Gaisalpsee erfolgt auf dem Aufstiegsweg. Nach einer Einkehr auf einer der Alpen kann man sich entscheiden, ob man über den Tobelweg oder über den weniger anspruchsvollen Fahrweg ❹ zurück nach Reichenbach gehen möchte.

Tipp

Im Anschluss an die Tour bietet sic noch ein Abstecher ins Naturfreiba Reichenbach an. Vom Parkplatz in Fahrtrichtung Sonthofen biegt man am Ende der Ortschaft links ab.

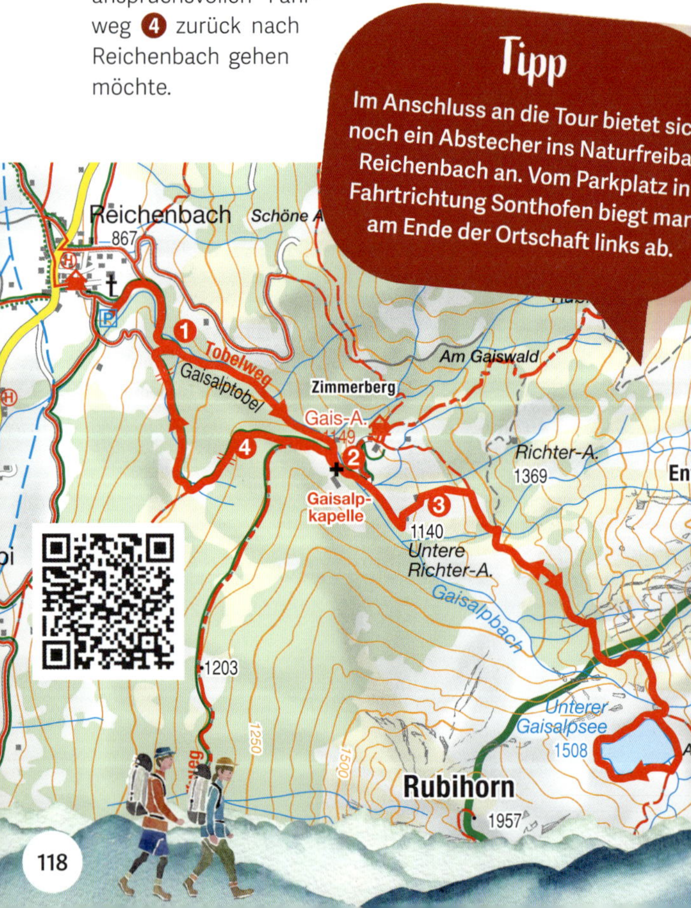

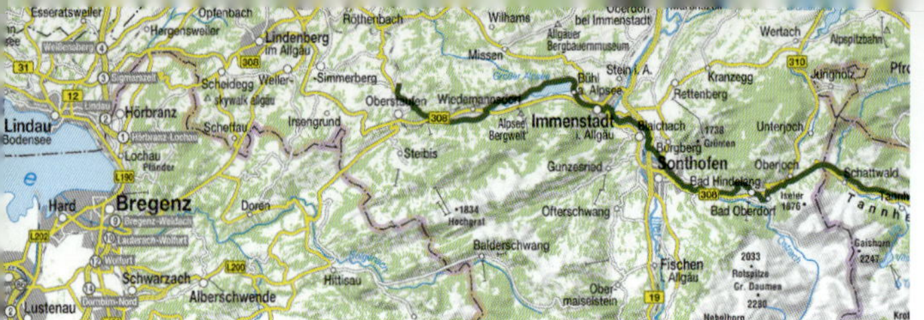

JAKOBSWEG

Wie schon bei den Europäischen Fernwanderwegen oder auch der Via Alpina, so gilt auch beim Jakobsweg die Aussage: „Wege gibt es viele."

Im Allgäu findet man beispielsweise zwei unterschiedliche Routen. Eine Route, der sogenannte Jakobsweg Tirol-Allgäu, führt über das Tannheimer Tal via Bad Hindelang nach Sonthofen und weiter in Richtung Großer Alpsee und Oberstaufen. Die andere Variante, der Münchener Jakobsweg, quert das Allgäu im Norden.

Touren entlang des Münchener Jakobsweg

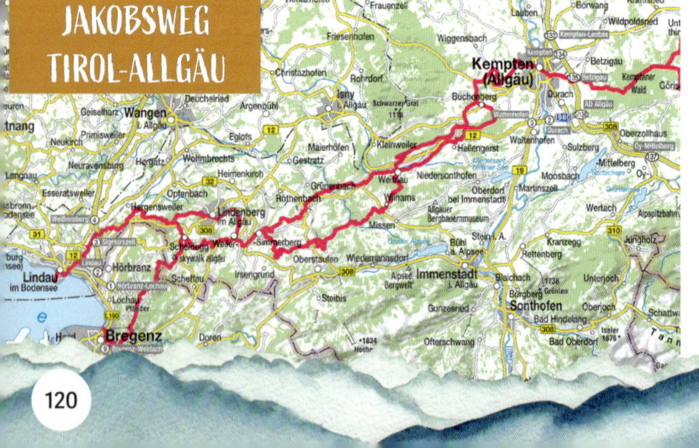

MÜNCHENER JAKOBSWEG

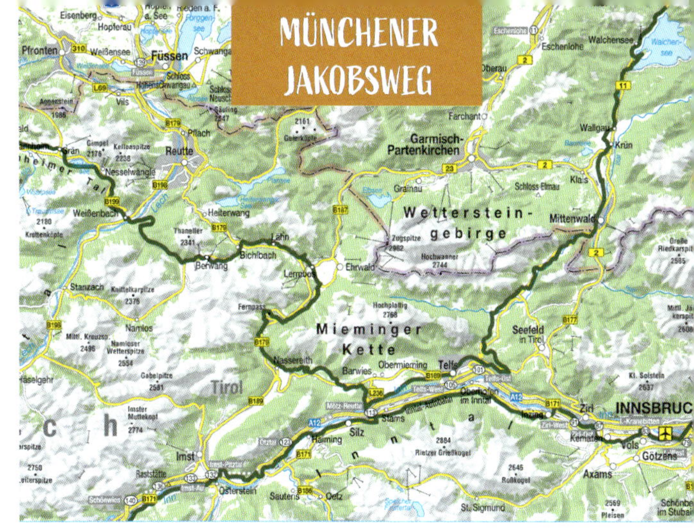

Der bayerisch-schwäbische Abschnitt führt von Marktoberdorf kommend in westlicher Richtung nach Kempten, um dann das Allgäu in südwestlicher Richtung über Lindenberg wieder zu verlassen.

Die Jakobswege schließen dann an die Wege durch die Schweiz und Frankreich an. Sie alle haben das Ziel Santiago de Compostela.

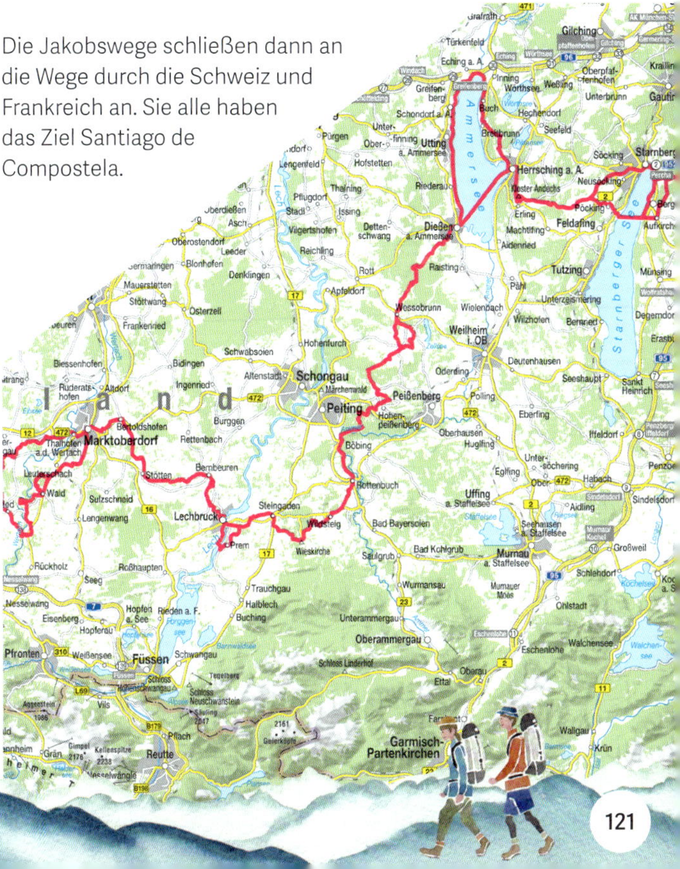

HÖLZLERTOBEL

Leichte Wanderung durch das Naturschutzgebiet Hölzlers Tobel

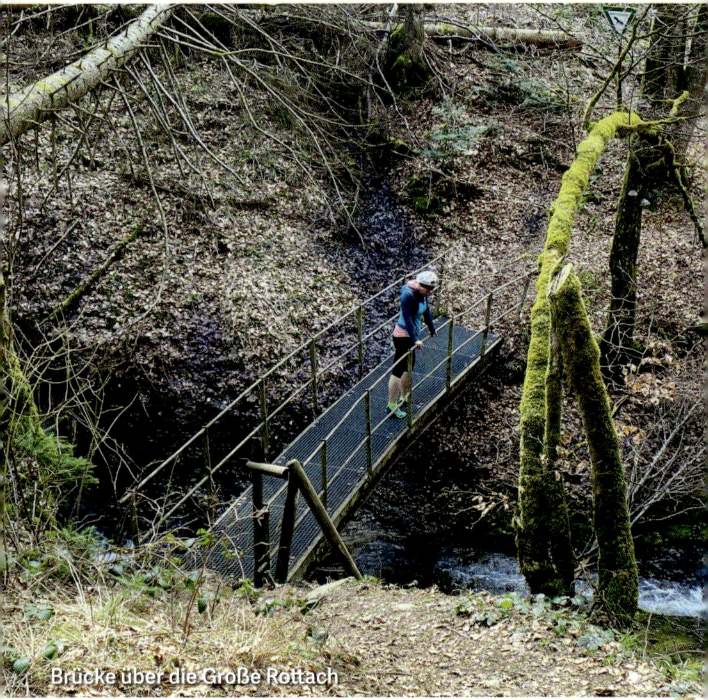

Brücke über die Große Rottach

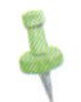

Ausgangspunkt Buchenberg, Ortszentrum

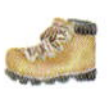

Nach Verlassen der Ortschaft großteils schmale Waldwege und breite Schotterwege auf dem ehemaligen Bahndamm. Nur kurz steil

in Buchenberg

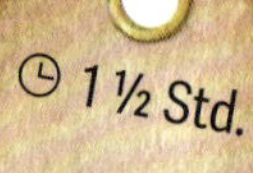

1 ½ Std.

4 km

50 Hm

50 Hm

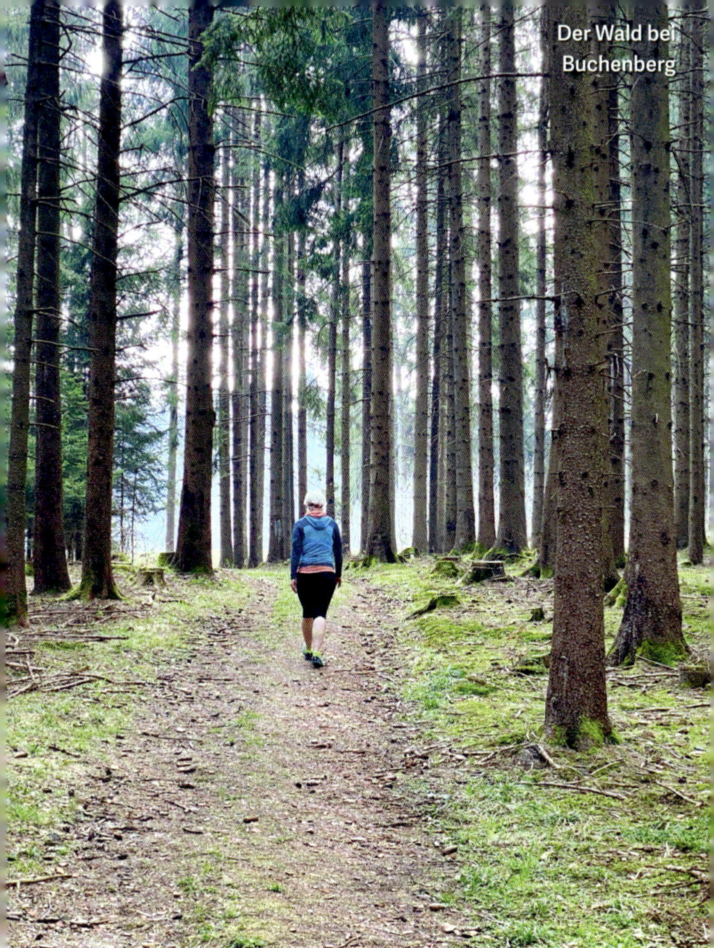

Der Wald bei Buchenberg

Diese schöne, kurze Rundwanderung führt im Norden der Gemeinde Buchenberg auf teils historischen Wegen.

Im Norden von Buchenberg liegt das Naturschutzgebiet Hölzlers Tobel. Die Wanderung durch den gleichnamigen Tobel ist nicht sonderlich lang und kann daher auch gut mit anderen Wanderwegen im Buchenberger Wald kombiniert werden.

Ausgangspunkt ist die Gemeinde Buchenberg. Von hier geht es zunächst in Richtung Ahegg. Kurz nach dem Ortsende von Buchenberg, einige hundert Meter nach dem Kreisverkehr, führt auf der linken Seite ein Wirtschaftsweg in Richtung Wald 1. Der breite Weg führt mal im dichten Nadelwald, dann an einer Lichtung entlang zum Abstieg in den Hölzlers Tobel.

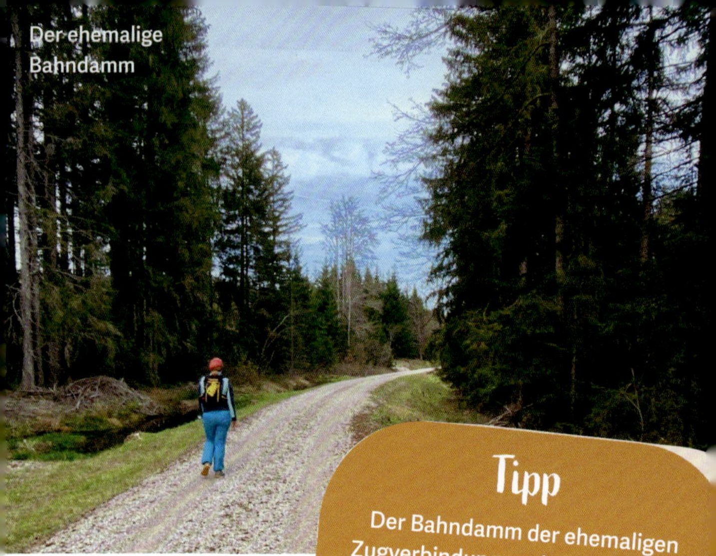

Der ehemalige Bahndamm

Tipp

Der Bahndamm der ehemaligen Zugverbindung nach Isny führt von Kempten kommend über Buchenberg und Hellengerst nach Weitnau und weiter nach Isny. Der teils asphaltierte, teils geschotterte Damm ist eine beliebte Radstrecke.

Ein Stück abseits des Weges, kurz vor dem Abstieg in den Tobel, kann man das Grab von Otto Merkt 2 besuchen. Der Heimatforscher und ehemalige Kemptner Bürgermeister hat im Wald seine Ruhestätte gefunden.

Eine kleine Eisenbrücke leitet über die Große Rottach 3. Auf nunmehr schmalen Pfaden geht es hinauf in Richtung Kürnach, wo die Route auf den ehemaligen Bahndamm der Strecke Kempten-Isny führt.

Auf diesem Bahndamm 4, auf dem auch der Münchener Jakobsweg verläuft, geht es zurück in das Ortsgebiet von Buchenberg.

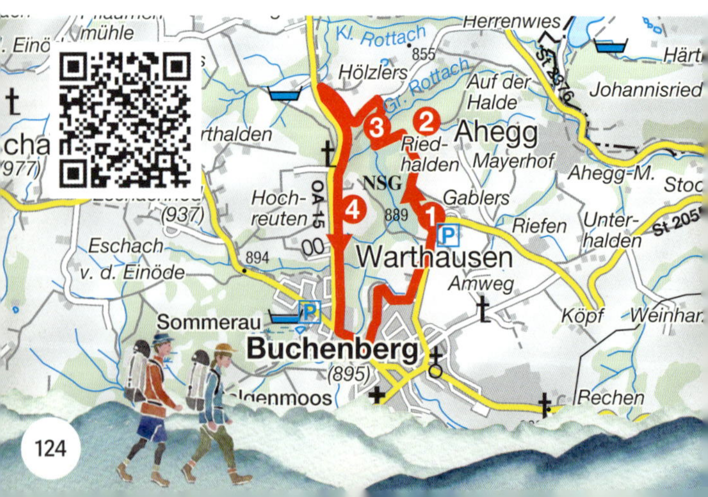

BLENDER

Aussichtsreiche Tour im Voralpenland

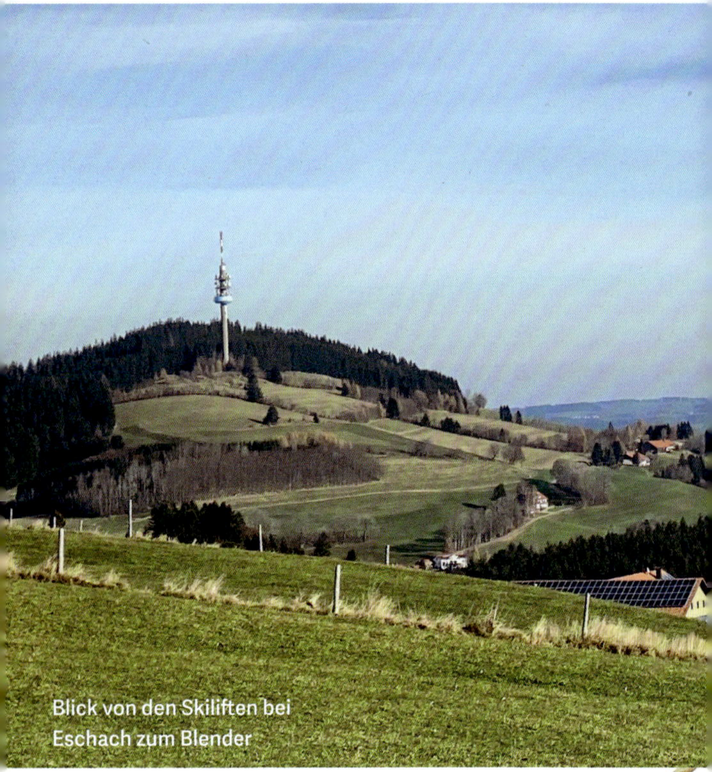

Blick von den Skiliften bei Eschach zum Blender

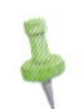

Wanderparkplatz oberhalb des Eschacher Weihers

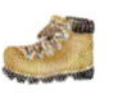

Meist breite, leichte Schotter- und Wirtschaftswege. Im Aufstieg zum Dürren Bühl (Dürrer Bichl) und zum Blender kurzer steiler Waldpfad, Abstieg über einen mäßig steilen Wiesenpfad

Blockhäusl
Gletscheralpe in Eschach

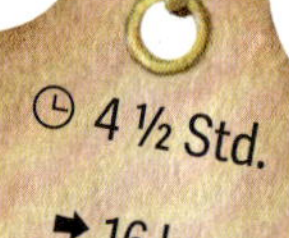

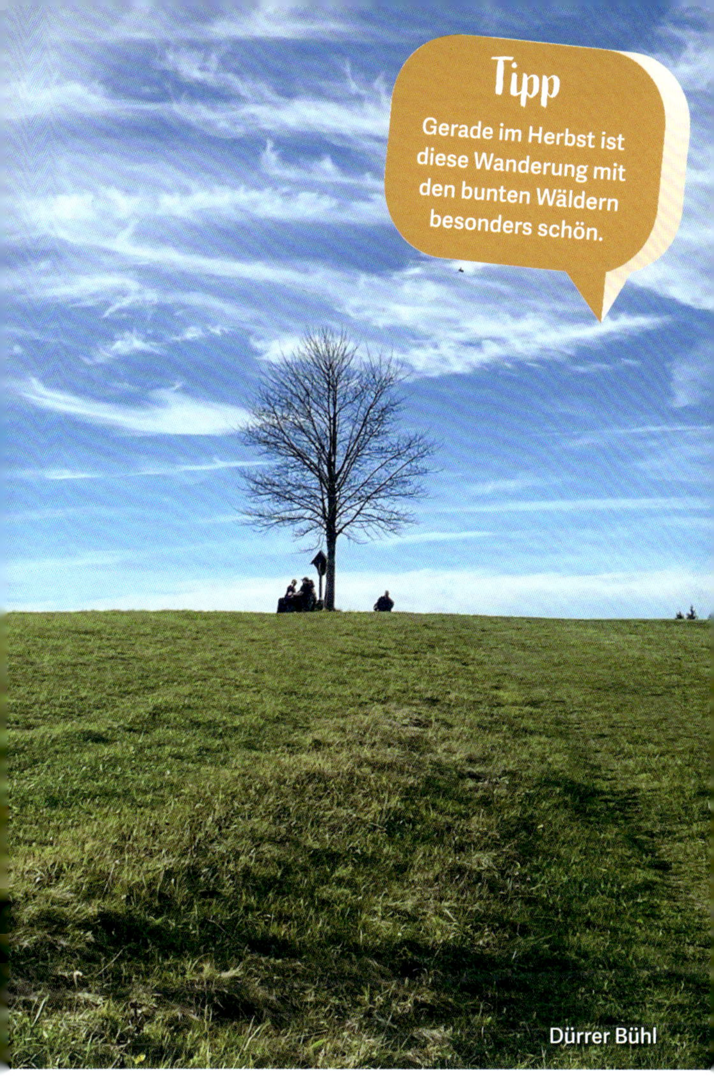

Dürrer Bühl

Vom Blender mit seinem markanten Sendemast hat man einen beeindruckenden Blick auf das Panorama des Allgäuer Hauptalpenkamms.

Buchenberger, Kürnacher und Wirlinger Wald sind das größte zusammenhängende Waldgebiet des Allgäus. Am Wanderparkplatz zum Eschacher Weiher beginnt diese Waldwanderung zum Blender.

Zunächst geht es in Richtung der Eschacher Skilifte und oberhalb der Pisten auf einen Forstweg.

Die erste Hälfte dieser Wanderung

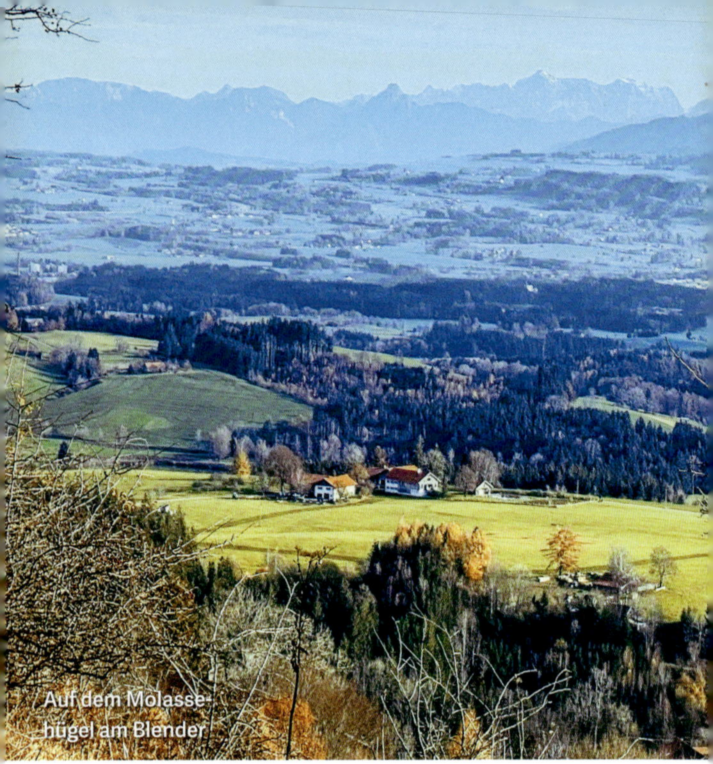

Auf dem Molasse-
hügel am Blender

verläuft auf diesem breiten Schotterweg komplett durch den Wald. In leichtem Auf und Ab führt der Weg Richtung „Blockhäusl" 1. Es geht in einem weiten großen Bogen

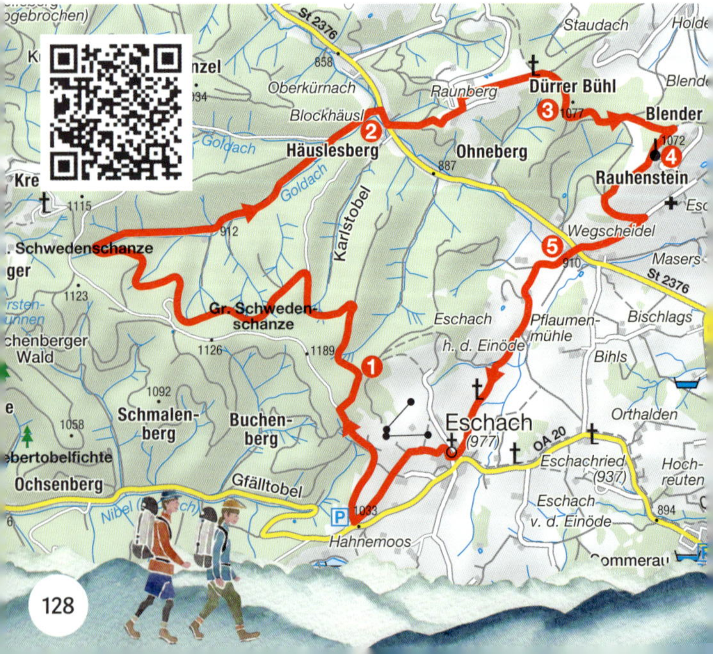

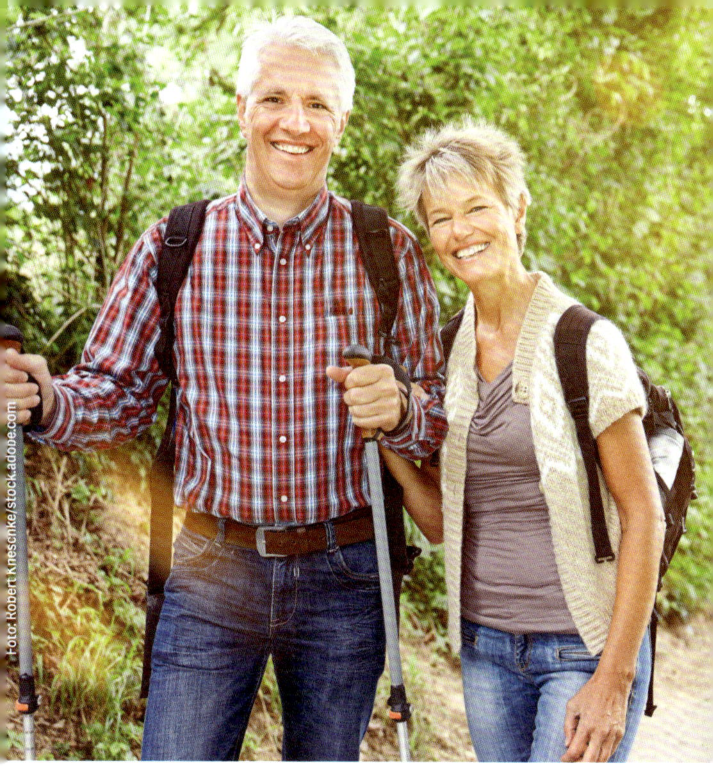
Foto: Robert Kneschke/stock.adobe.com

durch den wunderschönen Mischwald. Gegen Ende fällt der Weg deutlich ab und verlässt auf Höhe des Ausflugslokals den Wald 2.

Auf der gegenüberliegenden Seite der Straße steigt ein Pfad nun steil zum kleinen Weiler Raunberg an. In zahlreichen Kehren geht es nach oben. Nun führt ein Wiesenweg in Richtung Dürrer Bühl 3, wo der Weg erneut in den dichten Wald eintaucht.

Immer den Wegweisern in Richtung Blender folgend, geht es in leichtem Auf und Ab dahin. Erst kurz vor dem Ziel der Tour wird es noch einmal steiler. Schließlich sind der Sendeturm und das freie Gelände mit dem Panoramablick erreicht.

Unweit des Senders befindet sich der Molassehügel Rauhenstein 4. Ein kleines geschütztes Biotop, das von Blumenarten besiedelt ist, die sonst nur im Gebirge vorkommen. Über diesen Hügel führt ein Pfad hinunter in Richtung Eschachberg, auf die Verbindungsstraße bei Wegscheidel 5. Auf der schmalen und kaum befahrenen Straße nach Eschach geht es zurück zum Ausgangspunkt.

ESCHACHER WEIHER

Leichte Wanderung mit Bademöglichkeit

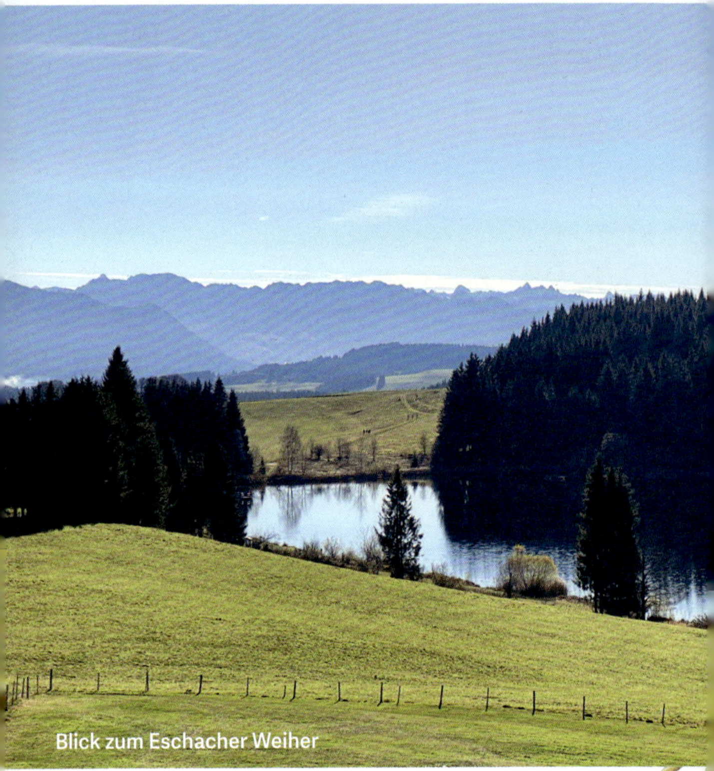

Blick zum Eschacher Weiher

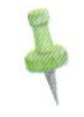

Wanderparkplatz am Eschacher Weiher auf der Verbindungsstraße von Buchenberg ins Kreuzthal

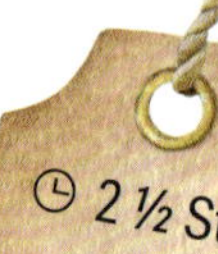

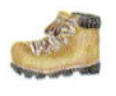

Fast durchgängig breite Schotter- und Wirtschaftswege, moderate Steigung

Gletscheralpe in Eschach
Schneider's Brotzeitstuben ❸.
Abstecher: Um zur Brotzeitstuben zu gelangen, wandert man ein paar Meter vom Wegweiser Hoher Kapf in südlicher Richtung bergab

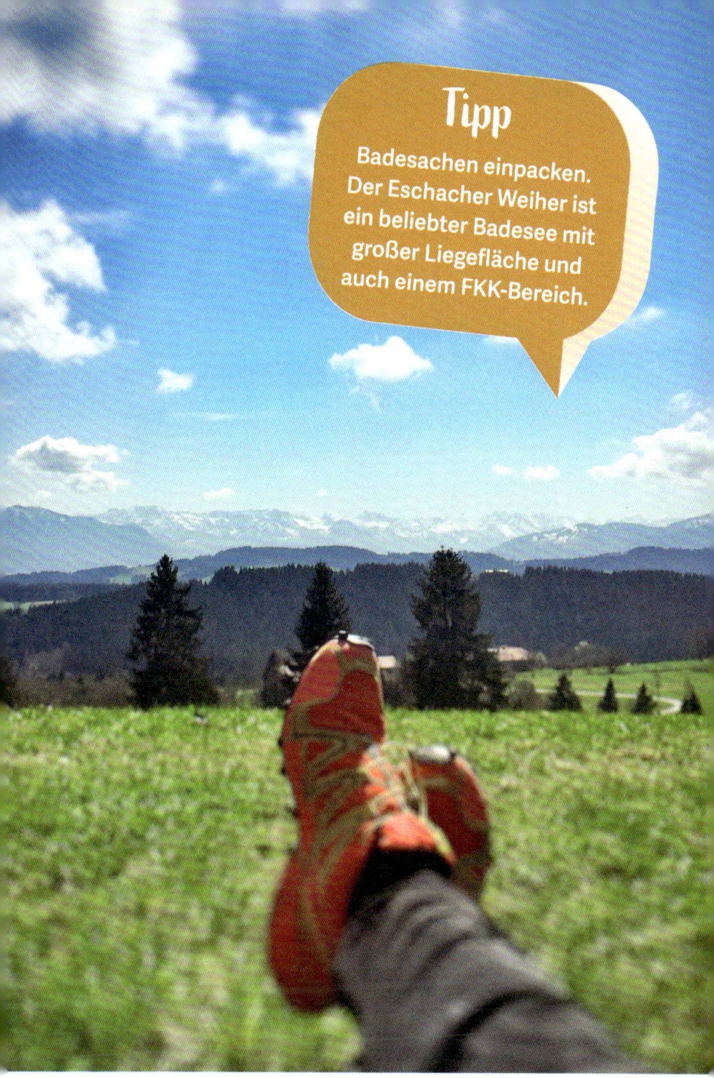

Tipp

Badesachen einpacken. Der Eschacher Weiher ist ein beliebter Badesee mit großer Liegefläche und auch einem FKK-Bereich.

Diese kleine Wanderung um den Eschacher Weiher ist zu jeder Jahreszeit ein Genuss und ein beliebtes Ausflugsziel!

Wie bei der Wanderung zum Blender (Tour Nummer 27) beginnt auch diese Rundwanderung an dem kleinen Wanderparkplatz kurz hinter Eschach.
Auf der gegenüberliegenden Straßenseite geht es hinunter zum malerisch eingebetteten Eschacher Weiher.
Der See verfügt nur am Nordufer über einen Wanderweg. Am Südufer findet man lediglich kleine

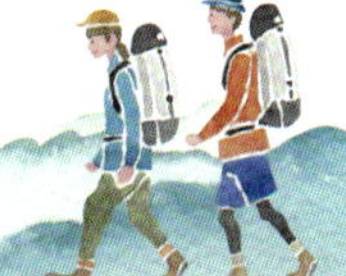

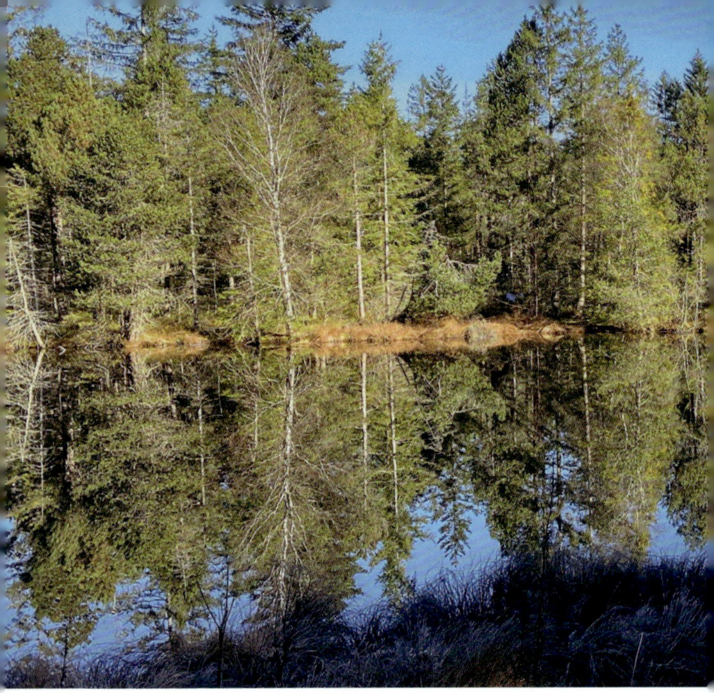

wilde Pfade. Hier liegt auch ein ausgedehntes Schilfgebiet, welches zahlreichen Tierarten als Unterschlupf dient. Daher sollte dieser Uferbereich nicht betreten werden.

Zunächst geht es leicht bergab zum östlichen Ende des Sees. Dann steigt die Tour stetig an. Der Panoramablick auf den Allgäuer Hauptalpenkamm wird mehr und mehr frei. Am weithin sichtbaren Wegweiser 1 in Richtung Hoher Kapf geht es rechts ab in den Wald.

Der Weg führt weiterhin sanft nach oben und erreicht nach

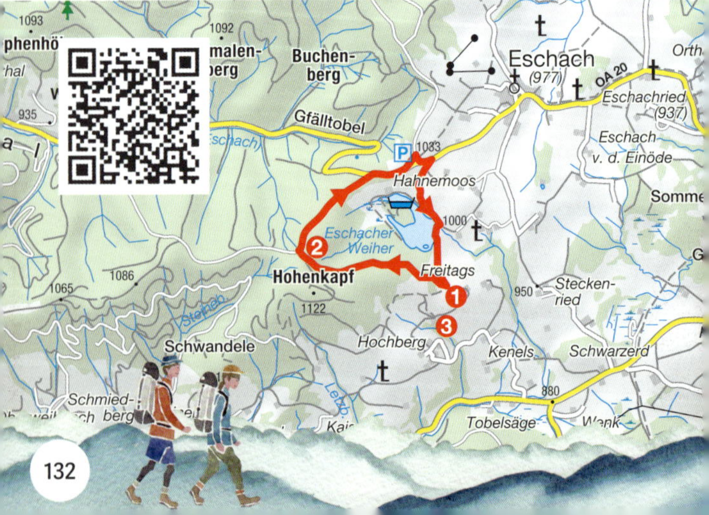

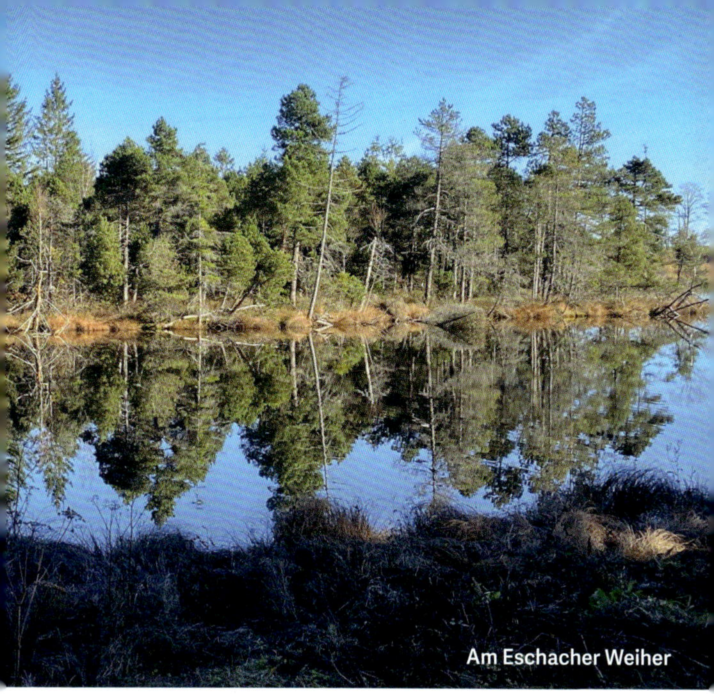

Am Eschacher Weiher

einer dreiviertel Stunde den höchsten Punkt. Links ab wäre der Hohe Kapf in ein paar Gehminuten erreichbar **2**. Allerdings bietet dieser 1 122 Meter hohe Gipfel keine sonderliche Aussicht.

Von nun an geht es in leichtem Auf und Ab durch den herrlichen Wald nordwärts. Der breite Forstweg mündet in die Verbindungsstraße, die Eschach mit Kreuzthal verbindet. Hier führt rechts der Straße ein schmaler Pfad zurück zum Ausgangspunkt.

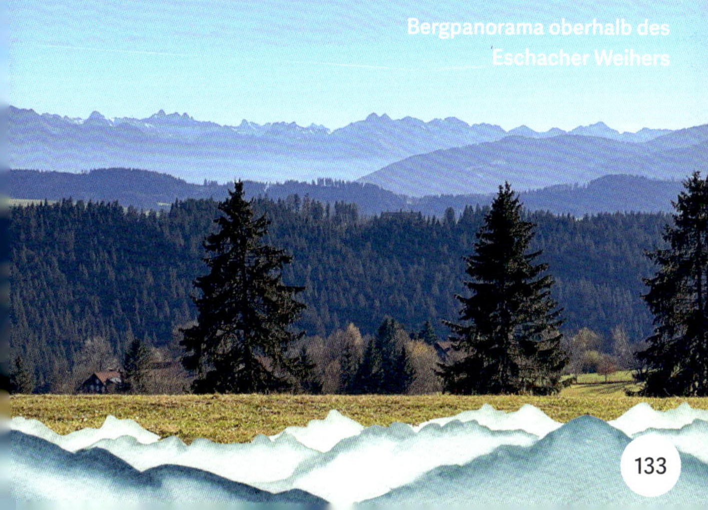
Bergpanorama oberhalb des Eschacher Weihers

EISTOBEL

Rundwanderung auf dem Westallgäuer Wasserweg

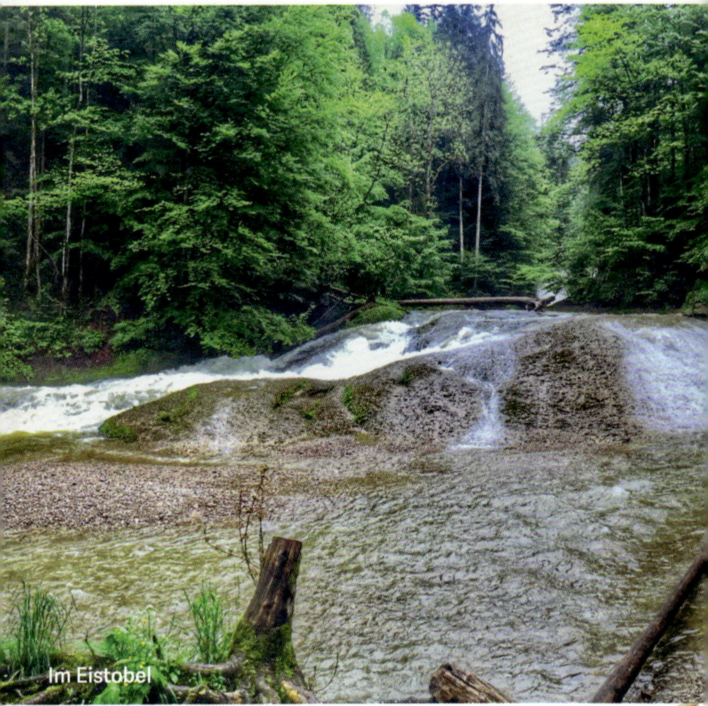

Im Eistobel

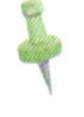

Besucherparkplatz an der Verbindungsstraße zwischen Grünenbach und Maierhöfen

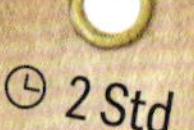

2 Std.

5 km

202 Hm

202 Hm

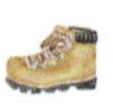

Fast durchgängig geschotterte Wanderwege, steiler Abstieg über Treppen vom Besucherparkplatz in den Eistobel

Gasthaus Argentobelbrücke

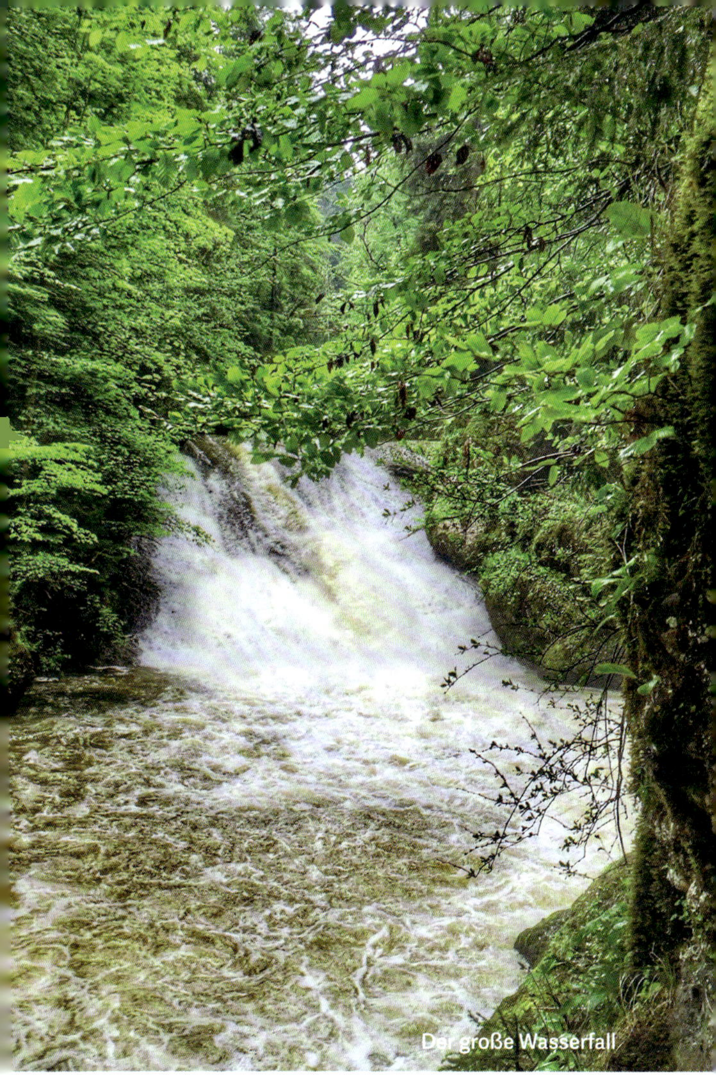
Der große Wasserfall

Einfache Familienwanderung durch eine faszinierende Welt aus Felsen und Wasser.

Zwischen Grünenbach und Maierhöfen befindet sich das Naturschutzgebiet Eistobel. An der Argentalbrücke, wo die Verbindungsstraße beider Orte über die Obere Argen führt, befindet sich der Besucherparkplatz zum Eistobel. Hier kann man sich vor dem gebührenpflichtigen Besuch in einem Info-Pavillon über die Entstehungsgeschichte und die seltenen Tier- und Pflanzenarten informieren.

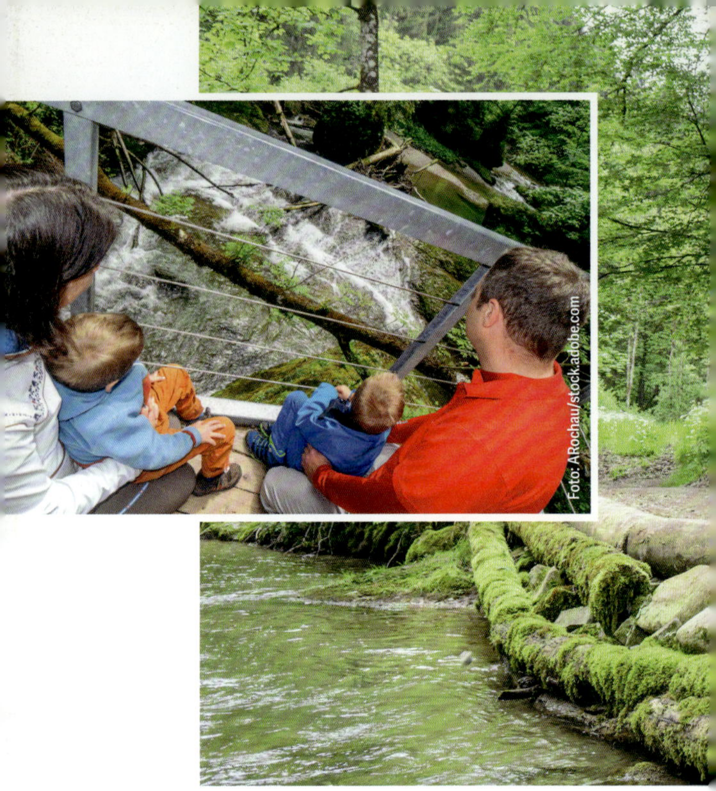

Foto: ARochau/stock.adobe.com

Der Weg durch den Eistobel beginnt zunächst mit einem steilen Abstieg. Dann geht es auf gut 2 Kilometern Länge gemütlich in Richtung der Ortschaft Schüttentobel bergauf. Vorbei an den rauschenden Wasserfällen der Oberen Argen,

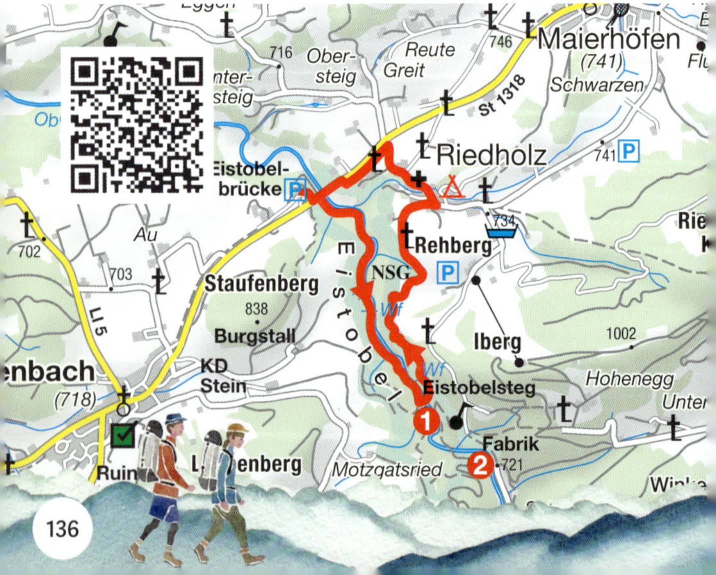

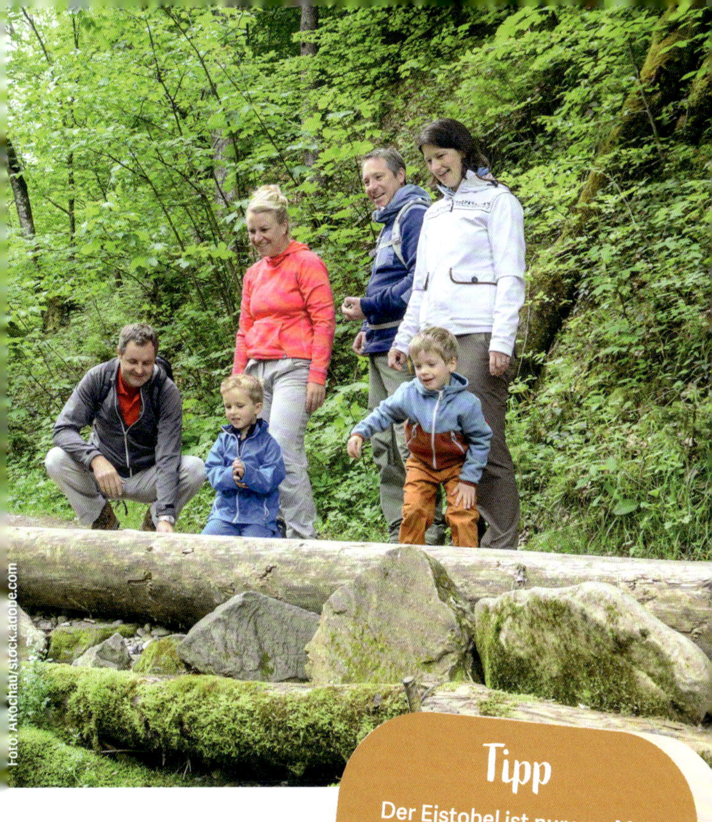
Foto: AKochau/stock.adobe.com

Tipp

Der Eistobel ist nur von Mai bis Ende Oktober geöffnet. Am Infopavillon an der Argenbrücke können Rückentragen geliehen werden, da der Weg nicht für Kinderwägen geeignet ist.

die sich über die Jahrtausende ihren Weg durch das Nagelfluhgestein gegraben hat.

Am Wasserfall am Eissteg wechselt der Weg von der rechten auf die linke Seite des Bachs. Der Steg markiert zugleich den Wendepunkt der Rundwanderung ❶. Nun führt der Westallgäuer Wasserweg Nummer 19 noch einige wenige Höhenmeter bergan, bevor der sanfte Abstieg hinunter in die Ortschaft Riedholz folgt.

An der Verbindungstraße zwischen Maierhöfen und Grünenbach geht es zurück zum Ausgangspunkt, wo eine kurze aber erlebnisreiche Entdeckungstour endet.

Alternativ kann man in diese Rundwanderung auch über Schüttentobel einsteigen ❷.

Linktipp: Mehr Informationen zur Entstehungsgeschichte und zu den Öffnungszeiten gibt es unter *www.eistobel.de*

WEITNAUER BESINNUNGSPFAD

Besinnungsweg mit 7 Themen

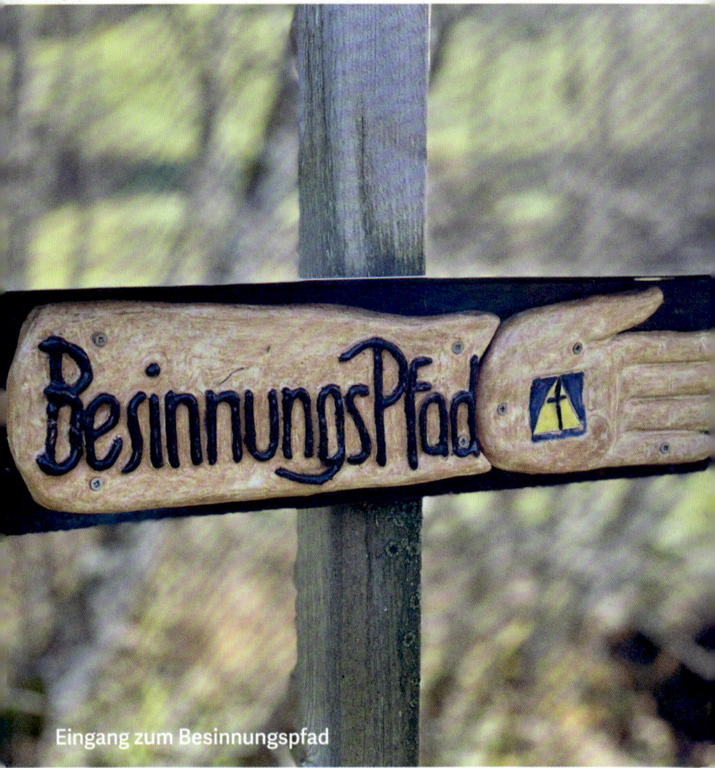

Eingang zum Besinnungspfad

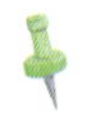

Wanderparkplatz bei Eisenbolz. Von Weitnau kommend ausgeschildert auf der rechten Seite

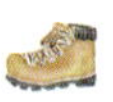

Schmale, mit Holzhäckseln ausgelegte Wald- und Wiesenpfade, nur kurz unterbrochen von einem breiten, alten Wirtschaftsweg, mäßig steil

keine

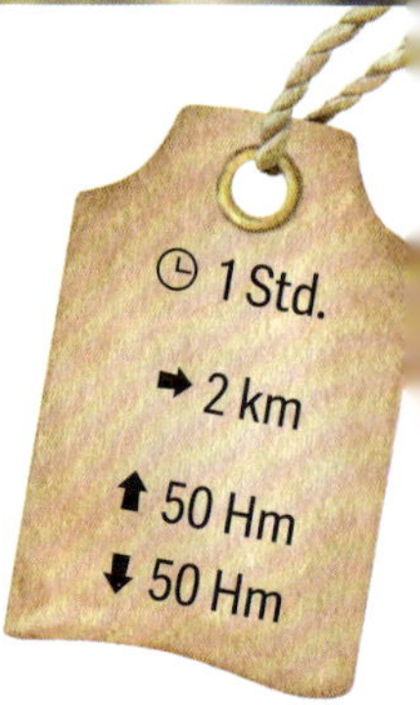

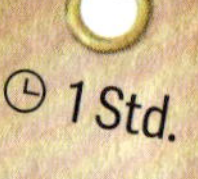

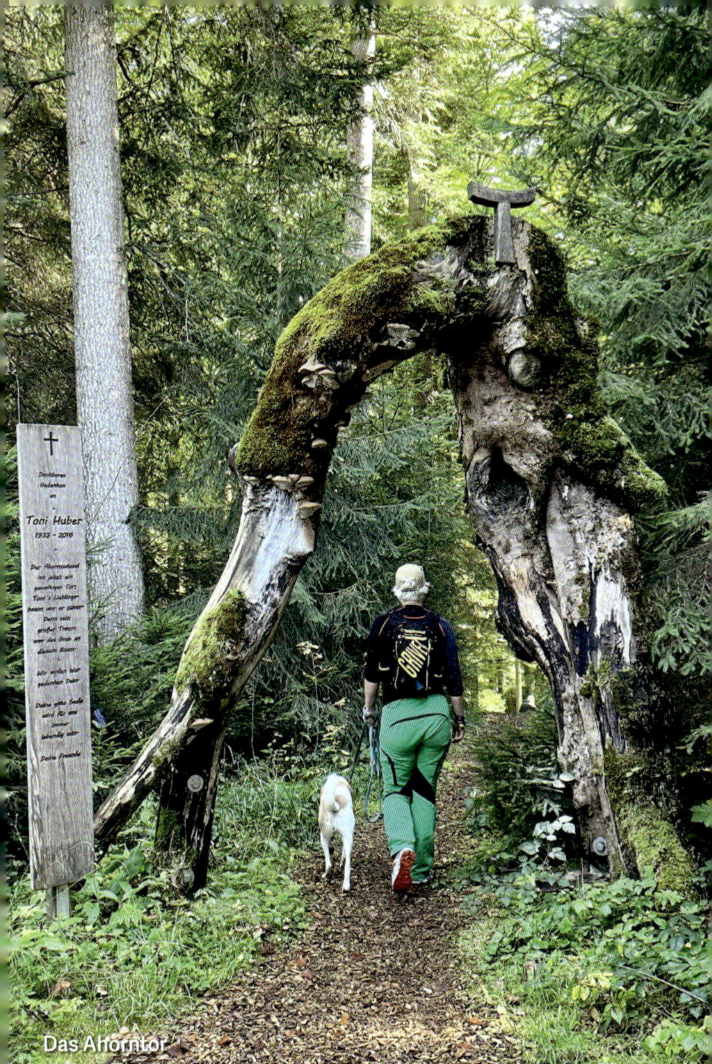

Das Ahorntor

Einfache, kurze Wanderung zwischen Weitnau und Hellengerst.

Weitnau ist einer der Allgäuer Orte, durch die der Jakobsweg führt. Unweit der Ortschaft findet man einen weiteren, sehr besinnlichen Weg. Den Weitnauer Besinnungspfad.
Von Weitnau kommend, biegt man bei Eisenbolz rechts ab und erreicht so den beschilderten Wanderparkplatz. Ein kleiner Feldweg führt ein kurzes Stück bergan zu einer kleinen Brücke, dem eigentlichen Beginn des Besinnungspfads ❶.

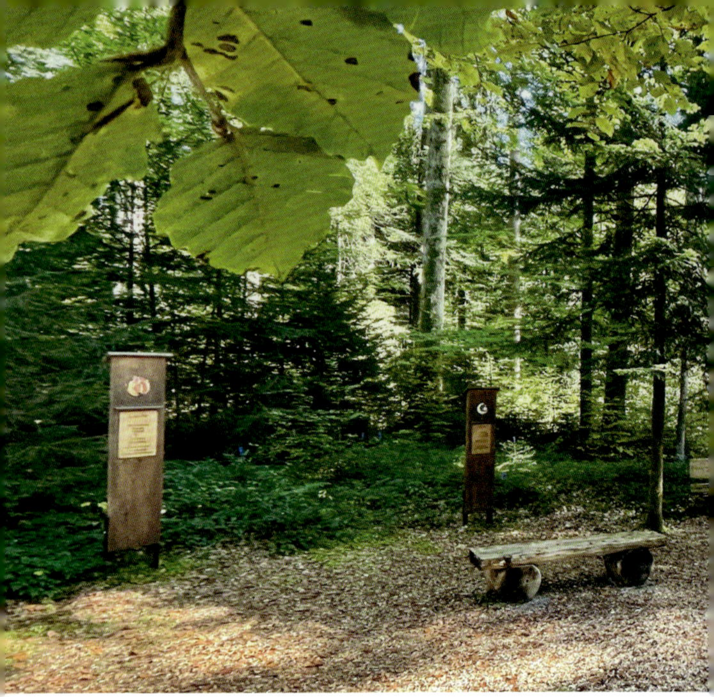

Der mit Holzhackschnitzeln bedeckte Weg führt gut 20 Minuten moderat bergauf. Teils entlang von Streuwiesen, dann durch den Wald, schlängelt sich der Weg über 7 Stationen mit verschiedenen Themen in den Hochwald oberhalb von Eisenbolz.

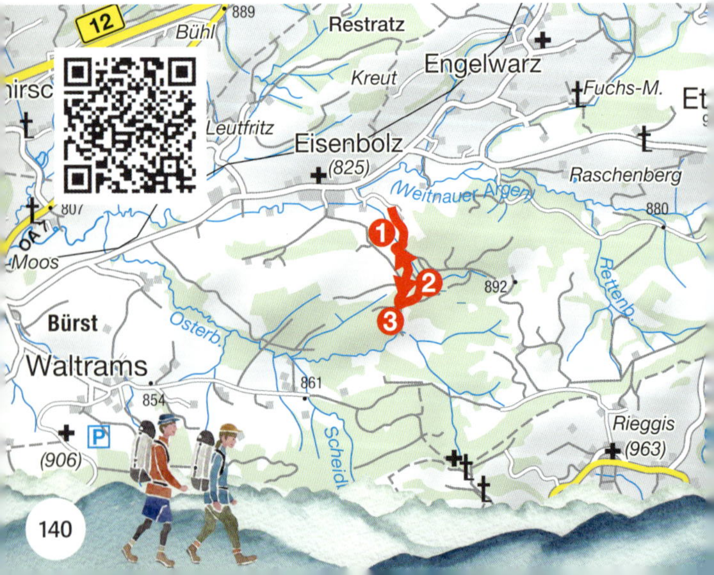

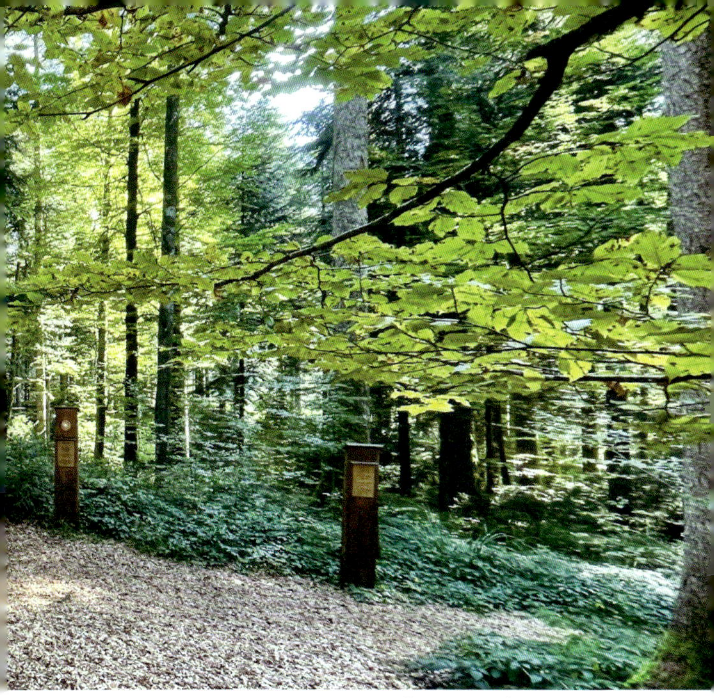

Die Stelen am Besinnungsweg

Auf Klapptafeln findet man unterschiedliche Sprüche, die zum Innehalten und Nachdenken anregen wollen. Der zunächst schmale Pfad geht schließlich in einen Wirtschaftsweg über. Dieser führt zu einem Hochmoor mit zahlreichen seltenen Pflanzen des Allgäus und zu einem Ruheplatz mit 6 hölzernen Stelen 2. Auf diesen Stelen ist symbolisch und mit Text der Sonnengesang des Franz von Assisi festgehalten.

Der Rückweg zum Parkplatz erfolgt entweder auf dem identischen Weg, oder über den parallel verlaufenden Wirtschaftsweg, der ebenfalls nach Eisenbolz führt.

Tipp

Am Ende des Wegs befindet sich die Himmelswiese 3. Eine kleine Lichtung mit Ruhebänken und wunderschönem Blick auf Wald und Wiese.

Impressum

Herausgeber & Verlag:
AVA-Agrar Verlag Allgäu GmbH
Porschestraße 2 • 87437 Kempten/Allgäu
Telefon: (08 31) 5 71 42-13 • Fax: (08 31) 5 71 42-22
vertrieb@ava-verlag.de • www.ava-verlag.de

Gesellschafter:
A. Kiechle, H. Kühnle, S. Kühnle-Weber,
A. Weixler, Landwirtschaftsverlag Münster

Geschäftsführer:
Dr. Harald Ströhlein

Redaktion & Layout:
Nadja Esterl, Ulrike Steiger

Touren, Fotos & Umsetzung:
Björn Ahrndt

Titelbild: Großes Bild oben: ARochau/stock.adobe.com,
Bilder unten: Björn Ahrndt

ISBN: 978-3-985160-25-9

Panoramakarte:
©Zumsteinkarte, AVA-Agrar Verlag Allgäu GmbH

Druck: Holzer Druck und Medien GmbH + Co. KG
Fridolin-Holzer-Str. 22+24 • 88171 Weiler im Allgäu
Telefon: (0 83 87) 3 99-0 • Fax: (0 83 87) 3 99-33
info@druckerei-holzer.de • www.druckerei-holzer.de

Bildverweise
Etikett: anitapol/stock.adobe.com; Illustration Berge und Bergschuh: tada/stock.adobe.com; Sprechblasen Tipp: agungkreatif/stock.adobe.com; Kreise Tournummern: KateK./stock.adobe.com; Symbole: Gipfeltouren, Wasserfall & Seen, Familiengeeignet, Bergbahn, Anspruchsvoll und kombinierbar mit Radtouren, Pin für Start und Besteck für Einkehr: KateK./stock.adobe.com

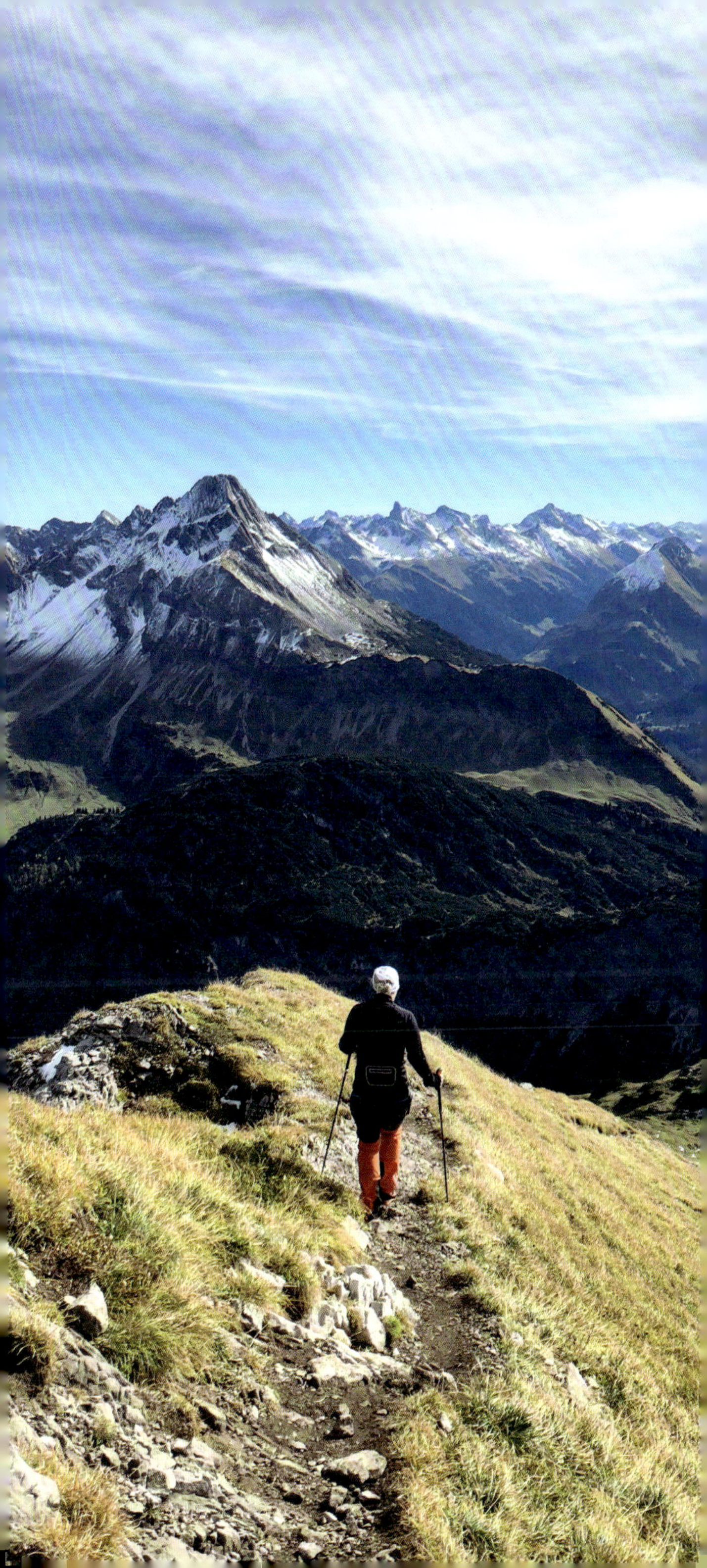

Wichtige Nummern, Signale und Tipps

NOTRUFNUMMER IN DEN ALLGÄUER ALPEN:

112 Notrufnummer

NOTRUF UND SMARTPHONE:

Wenn das Handy keinen Empfang hat: Handy ausschalten, dann wieder einschalten und statt des Pin-Codes die Ziffern **112** eingeben.

GPS: Die GPS-Koordinaten sind deutlich genauer als eine langwierige Ortung über den Mobilfunksender.

Hier können Apps wie „Standort" (Android), „einfach hier" (iOS) oder der integrierte Kompass (iOS) helfen, die die Koordinaten anzeigen, die Sie als Ersthelfer an die Leitstelle durchgeben.

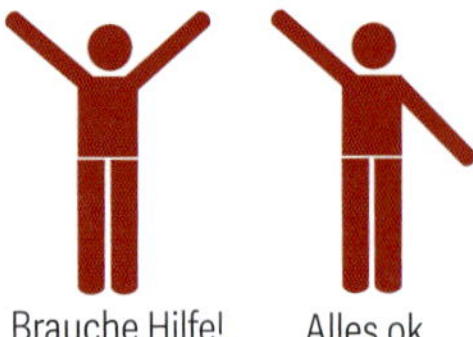

Brauche Hilfe! Alles ok

SIGNALE – LICHTSIGNALE

Das alpine Notsignal – ideal bei Dunkelheit

6 x Taschenlampe ein und aus innerhalb einer Minute, d.h. Anmachen bis 10 zählen, ausmachen und wieder bis 10 zählen, wieder anmachen usw. Dann machen Sie 1 Minute Pause. Anschließend geben Sie wieder 6 Signale in einer Minute ab. Die Antwort erfolgt, wenn Sie 3 x in der Minute das Lichtsignal sehen. Wenn Sie selbst ein Notsignal wahrnehmen, bestätigen Sie dieses und rufen Sie sofort die 112 an.

Signal und Antwort

	1. Minute	2. Minute	3. Minute	4. Minute	usw.
Notsignal	• • • • • •	Pause	• • • • • •	Pause	usw.
Antwort/ Bestätigung	• • •	Pause	• • •	Pause	usw.

„Schutzgebiete" achten

Wenn Ihr das Schild „Schutzgebiet" seht, bleibt bitte auf den Wegen, haltet eure Hunde an der Leine und keine Pflanzen pflücken! Die Alpen faszinieren. Als Natur- und Kulturlandschaften stehen sie für einen einzigartigen Lebens- und Erholungsraum. Im Naturschutzgebiet sollen Tiere UND Pflanzen geschützt werden.

NÜTZLICHE WANDERNUMMERN

Alpenvereinswetterbericht	**Tel. 089/295070**
Wetterprognose in der App	**www.meteobluecom**

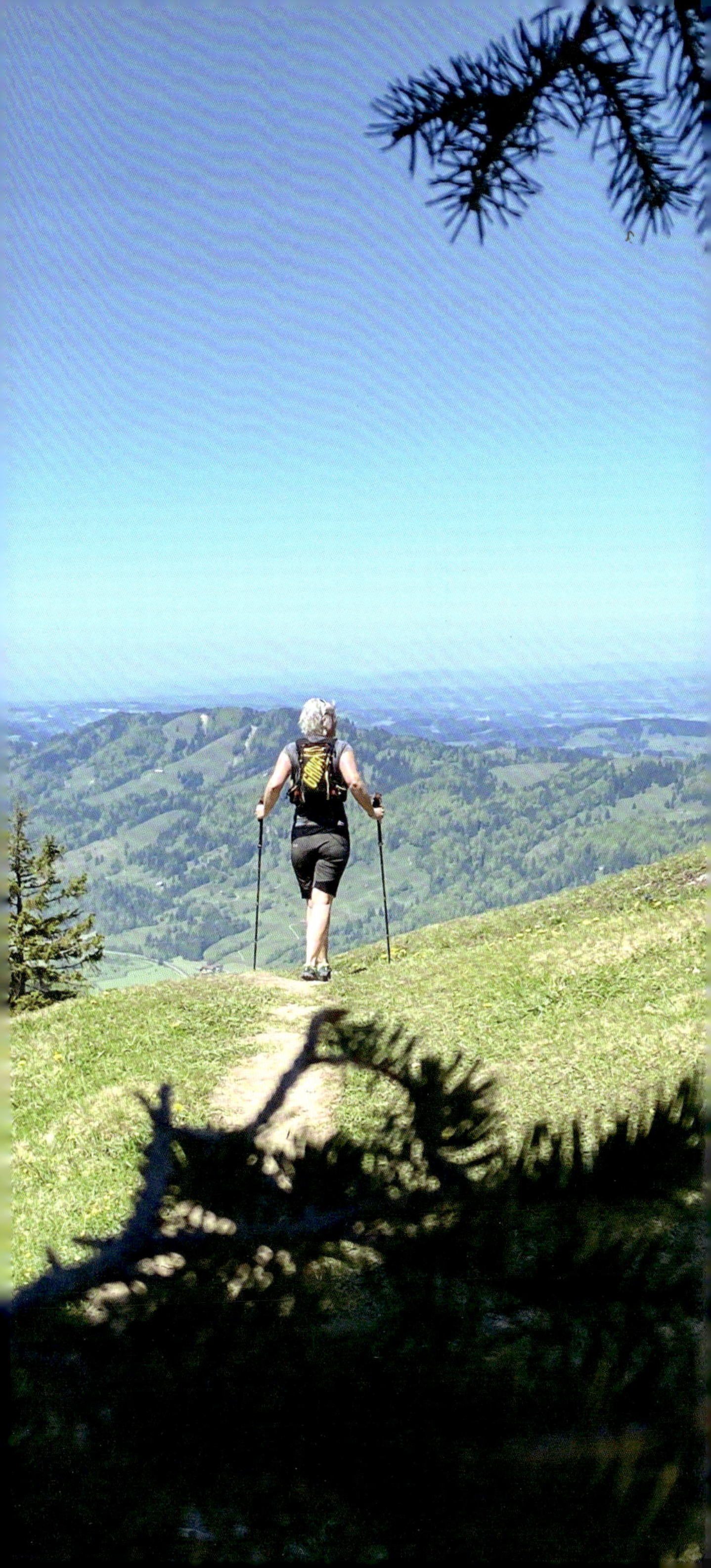

1. Der europäische Fernwanderweg im Allgäu (E4 & E5)

2. Der Grenzgänger

3. Maximiliansweg

4. Via Alpina

5. Jakobsweg